Plutarco

CLÁSSICOS DE OURO
ILUSTRADOS

Alexandre e César

As vidas comparadas dos maiores guerreiros da Antiguidade

Plutarco

CLÁSSICOS DE OURO
ILUSTRADOS

Alexandre e César

As vidas comparadas dos maiores guerreiros da Antiguidade

Prefácio de

Mário da Gama Kury

Tradução de

Hélio Vega

Ediouro

Diretor Executivo: Edaury Cruz
Coordenação Editorial: Lourdes Araújo
Assistência Editorial: Regina Garcia e Cyntia Levy
Preparação e Revisão de Texto: Edna Viana dos Santos
Gerência de PCP: Luciene Baptista
Produção Gráfica: Jaqueline Lavôr
Capa, Projeto Gráfico e Editoração Eletrônica: Wanduir Durant
Iconografia: Pietra Stefania Diwan
Foto/reprodução: Carvalho Filho
Planejamento Editorial: Vicente Rodrigues, Ana Maria Ferreira e Márcio Lima

Dados Internacionais de Catalogação na Publicação (CIP)
(Câmara Brasileira do Livro, SP, Brasil)

Plutarco, 46d.C. - 120 d.C.

Alexandre e César / Plutarco; prefácio de

Mário da Gama Kury ; tradução de Hélio Vega. --

São Paulo : Ediouro, 2001.

ISBN 978-85-000-2807-6

1. Alexandre, O Grande 356-323 A.C. I. Kury,

Mário da Gama. II. Título. III. Série.

01-4595 CCD-923.1

Índice para catálogo sistemático:

1. Imperadores : Biografia 923.1

Ediouro Publicações S.A.
Rio de Janeiro
Rua Nova Jerusalém, 345 – CEP 21042-230 - Bonsucesso – Rio de Janeiro – RJ
Tel.: (0XX21) 3882-8200 - Fax: (0XX21) 3882-8212 / 8313
E-mail: livros@ediouro.com.br

São Paulo
Av. Bosque da Saúde, 1432 – Jardim da Saúde - CEP 04142-082 – São Paulo – SP
Tel.: (0XX11) 5589-3300 - Fax vendas: (0XX11) 5589-3300 ramal 233
E-mail: vendasp@ediouro.com.br
Internet: www.ediouro.com.br

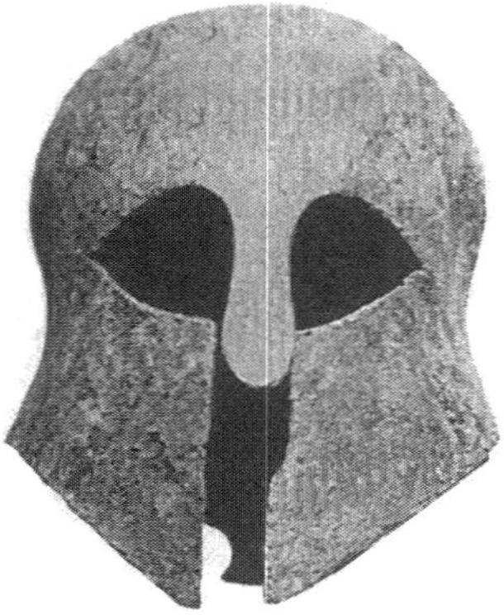

Índice

Alexandre e César

Plutarco, o príncipe das biografias, escreveu as
chamadas *Vidas Paralelas*, ou *Vidas Comparadas*, que
formam ao todo 23 pares, um grego e um romano.
Algumas se perderam com o tempo,
outras foram vidas não comparadas.
Alexandre e César são das mais conhecidas e
por isso são as escolhidas.
Plutarco será sempre o grande biógrafo da humanidade e
é considerado o inventor do paralelismo,
ou seja, da biografia comparada.

Nota

Escrevemos, neste livro, a *Vida* do rei Alexandre e a *Vida* de César, que desafiou Pompeu. Como único preâmbulo, dado o grande número de fatos que constituem a matéria, limitamo-nos a pedir aos leitores que não o censurem, se, em lugar de expor ampla e pormenorizadamente cada acontecimento, ou algum dos atos mais memoráveis, damos, aqui, apenas um simples sumário da maior parte deles. Com efeito, não escrevemos histórias, mas *Vidas*. Nem sempre, aliás, são as ações mais brilhantes as que mostram melhor as virtudes ou os vícios dos homens. Muitas vezes uma pequena coisa, a menor palavra, um gracejo ressaltam melhor um caráter do que combates sangrentos, batalhas campais e ocupações de cidades. Assim como os pintores, em seus retratos, procuram fixar os traços do rosto e o olhar, refletindo nitidamente a índole da pessoa, sem se preocupar com as outras partes do corpo, aqui nos permitimos concentrar nosso estudo, principalmente, nas manifestações características da alma e esboçar de acordo com esses sinais, a vida dessas duas personagens, deixando a outros os grandes acontecimentos e os combates.

VIES DES HOMMES
ILLVSTRES GRECS
ET ROMAINS,

De l'Imprimerie de Ieremie des Planches.
M. D. LXXXIII.

Plutarco.
Capa da edição francesa de *Vidas Paralelas* em 1583. Biblioteca Nacional de Paris.

Notícia biográfica

Em meados do primeiro século, não se sabe em que data, nasceu Plutarco na cidade de Queronéia, na Beócia. É certo, porém, que, no ano 66, freqüentava ele as aulas de matemática e filosofia da escola de Amônio, onde travou relações de amizade com um jovem ateniense, descendente de Temístocles. De regresso a Queronéia, ainda muito moço, dedicou-se ao comércio com as cidades limítrofes. Casou-se muito cedo com a jovem Timoxema, de uma conceituada família queronense, e teve cinco filhos.

Em Roma, que visitou por mais de uma vez, Plutarco teve ocasião de fazer em língua grega (pois só mais tarde pôde aprender o latim) várias conferências sobre filosofia e literatura, que lhe serviram de base para a redação de numerosos volumes, aos quais deu o nome de *Morais*.

As biografias de César e Alexandre, cuja primeira tradução brasileira apresentamos ao leitor, constituem um dos mais interessantes livros de suas monumentais *Vidas Comparadas* (*Paralelos*, como ele as chama), que Plutarco consagrou aos grandes homens da Grécia e de Roma.

Contemporâneo de Trajano, afirma-se que Plutarco, em Roma, contou com a presença desse imperador entre os auditores de suas conferências filosóficas. Menos verossímil, porém, é a afirmativa de que Trajano tenha sido seu discípulo, não havendo documento que a autorize.

Ignora-se o ano da morte de Plutarco, sendo as incertezas, nesse particular, ainda maiores que sobre a data do seu nascimento. A hipótese mais fundada é que tenha morrido com cerca de setenta anos de idade, pouco antes de terminar o reinado de Adriano.

O HOMEM DAS 50 VIDAS

Plutarco diz, no início da *Vida* de Alexandre, que não pretendeu ser historiador mas biógrafo. Apesar disso alguns historiógrafos modernos (como, por exemplo, Macan) o consideram a melhor fonte para a história grega.

Esse juízo é representativo, pois as restrições a Plutarco não o atingem no que ele pretendeu ser; dirigem-se ao historiador, e a esse título ele não aspirou.

Justamente por haver querido descrever a vida dos homens e não os fatos que a envolvem (ou seja, a história), Plutarco conseguiu dar às *Vidas Paralelas* o interesse humano palpitante nessa parte de sua volumosa obra.

Outro fator de espontaneidade nas *Vidas* evidencia-se no fato de Plutarco escrevê-las para seu próprio prazer e proveito, como declara na introdução à *Vida* de Timoleon: "Comecei a escrever biografias para agradar aos outros; depois passei a gostar do gênero e continuei a cultivá-lo para meu prazer, sendo a história para mim como um espelho, diante do qual eu tentava tornar minha vida perfeita, amoldando-a aos grandes exemplos".

A esses elementos marcantes em Plutarco junta-se uma terceira peculiaridade, que o próprio autor caracteriza ao comparar seu estilo com o de historiadores renomados mais antigos: "Não me seria possível silenciar sobre fatos relatados por Tucídides e Filisto, pois tais fatos destacam o caráter de meu personagem, suas disposições íntimas... Indiquei-os ligeiramente, atendo-me às essenciais, para não ser acusado de omisso em minha tarefa. Mas o que me esforcei principalmente por reunir foram os aspectos geralmente ignorados; desinteressando-me de amontoar coisas que nada dizem, procurei recolher o que é adequado a fazer conhecer os hábitos e a natureza da alma" (capítulo I da *Vida* de Nícias).

Eis aí, nas palavras de Plutarco, as três características principais de sua obra biográfica: escrever por prazer, humanizar os personagens e destacar detalhes significativos.

A tudo isso presidia uma constante preocupação moralizante, talvez excessiva. Plutarco relaciona e subordina sempre a história à moral, e sua moral nem sempre é apropriada à história. A moral pregada por ele, como homem de bem, era uma boa moral para a vida privada, feita para a família, para a sociedade, sadia, generosa, mas simples demais para a vida pública. A política às vezes é um entrechoque de interesses antagônicos, e às vezes todos esses interesses contrários são respeitáveis, fundamentados em direitos. Nem por isso o político pode deixar de agir, e agir em política é sacrificar um interesse a outro. A escolha é delicada, os erros são fáceis. É impossível deixar de errar às vezes, mas, se a história anota os erros dos políticos um a um, sem levar em conta as intenções e as circunstâncias, inflexivelmente, ela erra ainda mais. E nosso autor é assim. No homem público ele procura sempre a conduta do homem privado. Sua concepção política não tem força e penetração bastantes para discernir as razões superiores. Sua concepção de justiça não se adapta aos homens

Alexandre e sua mãe, Olimpíada. Kunsthistoriches Museum, Viena.

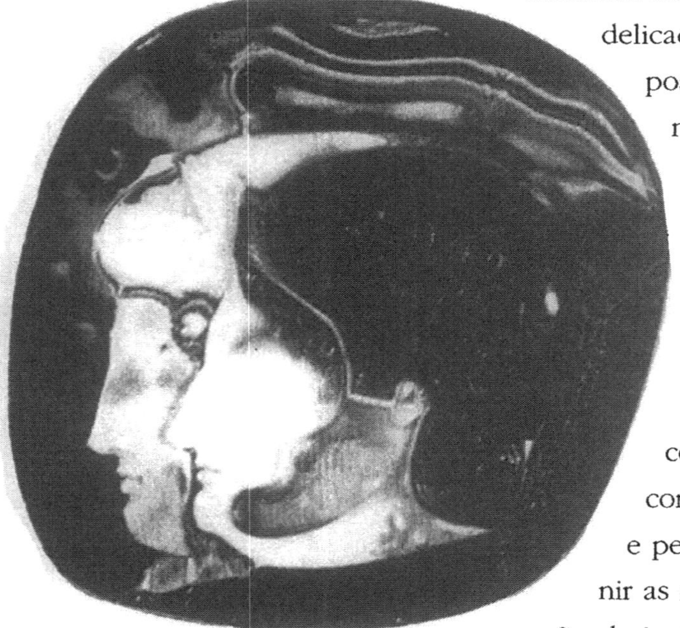

que ele condena, como diz Maurice Croiset em sua *História da Literatura Grega* (volume V, página 533).

Em compensação, Plutarco é extremamente benevolente com os biógrafos com os quais simpatiza e que se enquadram em seu ideal de homens de bem, dos *varões de Plutarco*, como até hoje se diz para caracterizar os modelos de virtudes cívicas, talvez ignorando que Plutarco não biografou somente homens de bem...

Mas sua intenção moralizante predominava. Na verdade ele escolheu quase sempre biografados que lhe ofereciam grandes exemplos, dentro da sua concepção de grandeza. Só num segundo estágio é que percebeu que também se pode tirar proveito do espetáculo de grandes erros e então se decidiu a escrever as vidas de alguns homens notáveis pela maldade, como Demétrio Poliorceta.

De certo modo as *Vidas Paralelas*, com sua mensagem moralizante, representam o coroamento de toda a vasta produção literária de Plutarco. Embora nosso autor seja mais conhecido por sua obra biográfica, de que fazem parte as *Vidas* de Alexandre e César, ora apresentadas em tradução, Plutarco escreveu numerosas outras obras, conhecidas sob a denominação genérica latina de *Moralia* (*Obras Morais*), perpassadas todas pela mesma preocupação moralizante. Essa preocupação manifesta-se até em obras de crítica literária, como, por exemplo, no opúsculo *Sobre a Leitura dos Poetas pelos Adolescentes*, em que Plutarco procura dissimular certas cruezas dos grandes poetas gregos recorrendo a interpretações esdrúxulas, alegorias e truncamentos.

Seria enfadonha a enumeração das *Obras Morais* (cerca de 80), mas a menção aos títulos de alguns desses opúsculos dará uma idéia, embora pálida, da constância de Plutarco em moralizar e, ao mesmo tempo, da amplitude de suas preocupações intelectuais, que iam desde a religião e a filosofia até o folclore e a política, passando pela crítica literária, pela música e pela astronomia: *Questões Romanas, Questões Gregas, Questões Platônicas, Virtudes Romanas, O Demônio de Sócrates, As Contradições dos Estóicos, A Extinção dos Oráculos, A Demora da Justiça Divina, O Destino, A Aparência da Lua, As Qualidades Morais, O Ensino da Virtude, A Virtude e o Vício, A Inveja, A Paz de Espírito, O Domínio da Cólera, O Progresso na Virtude, Preceitos Matrimoniais, As Virtudes Femininas, O Proveito que se Pode Tirar dos Inimigos, Preconceitos Políticos, Como Distinguir o Amigo do Adulador, Questões Homéricas, Comparação entre Aristófanes e Menandro* (as liberdades de Aristófanes não podiam deixar de chocar o virtuoso Plutarco), *A Malignidade de Heródoto.* Nessa última obra nosso autor leva a extremos sua rigidez na idealização do herói, que não pode ter defeitos, e censura severamente Heródoto porque este em sua *História* retrata os grandes homens como eles são, com suas falhas e limitações.

Mas voltemos às *Vidas Paralelas.* Além de Alexandre e César, Plutarco biografou Teseu e Rômulo, Licurgo e Numa Sólon e Publícola, Temístocles e Camilo, Péricles e Fábio Máximo, Alcibíades e Coriolano, Timoleon e Emílio Paulo, Pelópidas e Marcelo, Aristides e Catão, o Antigo, Filopoimen e Flamínio, Pirro e Caio Mário, Lisandro e Sila, Cimon e Lúculo, Nícias e Crasso, Sertório e Eumenes, Agesilau e Pompeu, Fócion e Catão, o Novo, Ágis e Cleômenes e Tibério e Caio Graco, Demóstenes e Cícero, Demétrio e Antônio, Díon e Bruto, Árato, Artaxerxes, Galba, Óton, sendo as quatro últimas *Vidas* isoladas, sem paralelismo.

Às *Vidas* de Alexandre e César, Temístocles e Camilo, Fócion e Catão, o Novo, e Pirro e Caio Mário falta a "comparação" que fecha os demais pares. Essa comparação, às vezes difícil, levava Plutarco a forçar paralelismos artificiais, favorecendo, de um modo geral, os gregos. Nota-se, aliás, o intuito de Plutarco, que, escrevendo numa época em que a Grécia se apagara diante de Roma, demonstrava compreensível orgulho em poder contrapor a cada "varão ilustre" romano grego tão ilustre ou mais, embora de épocas longínquas, numa revivescência da grandeza grega antiga.

Quais as razões da popularidade maior das *Vidas Paralelas*? Primeiro porque as *Obras Morais*, apesar de suas qualidades, saem perdendo na comparação com as obras congêneres dos predecessores de Plutarco no campo da filosofia, história, crítica literária, política etc., abundantes na literatura grega. Segundo porque o gênero literário representado pelas *Vidas Paralelas* foi praticamente uma criação de Plutarco, e nesse gênero, pelos motivos expostos de início, nosso autor pôde utilizar ao máximo seu poder de humanizar personagens e de explorar os detalhes, movido pelo entusiasmo de quem cria para seu próprio prazer e servido por extraordinário talento de narrador. Esse talento ajudou sobremaneira o moralista em suas descrições de caracteres, valendo-se de traços rápidos, marcantes, uma palavra, pequenas coisas, anedotas. Em uma palavra ou atitude revela-se o que há de mais nobre na alma humana. A alma boa de Plutarco tinha o instinto do sublime e suas *Vidas* definiram, como exemplos, certo gênero de grandeza moral. Quando se fala em um "grande homem de Plutarco", tem-se presente no espírito um tipo particular, talvez mais ideal que real mas de qualquer forma admirável.

Outra qualidade responsável pelo sucesso das *Vidas* é um sentido natural do patético que faz de Plutarco um dos melhores narradores das grandes tragédias da história. Sem querer ele se torna dramático, marca as frases, expõe golpes teatrais, lança-nos no meio de seus personagens, fazendo-nos viver suas emoções, exaltando-nos, tocando-nos. Essa qualidade sobressai marcadamente na parte final da *Vida* de César, na cena do assassinato do ditador (ainda hoje "torcemos" para que César leia o papel que Artemidoro lhe entrega, mas já naquela época os homens importantes não tinham tempo para ler os papéis importantes...).

Dotado de tais qualidades, é natural que Plutarco haja influenciado fortemente os pósteros; Montaigne nos *Ensaios*, Shakespeare e Corneille no drama não escondem sua dívida para com o autor das *Vidas* e das *Obras Morais*. Na França, principalmente, graças à tradução de Amyot, desde cedo a influência das *Vidas* foi grande e continuou até os nossos dias. De tal ordem foi essa influência que após a Primeira Grande Guerra Jean de Pierrefeu, querendo expor as falhas dos grandes generais franceses, escreveu um panfleto intitulado *Plutarco Mentiu*. A reação dos defensores dos heróis sem defeitos, dos "varões de Plutarco", foi a mais violenta possível, principalmente nos meios militares. Esse episódio, revelador da grande popularidade de Plutarco, ensejou um curioso livro do próprio Jean de Pierrefeu — *O Anti-Plutarco* (Paris, Les Éditions de France, 1925) em que o autor, satirizando, propõe a canonização de Plutarco e a criação de um neologismo *(plutarquizar)*, significando louvar homens moralmente perfeitos, protagonistas de feitos magníficos por inspiração genial.

Mário da Gama Kury

Aristoteles
Alexāder magn’

etrato de Alexandre,
por Lisipo.
useu do Louvre, Paris.

Alexandre

(Nascido no ano 356 e falecido no ano 323 a.C.)

Alexandre.
Relevo em moeda.

É opinião corrente que, do lado paterno, Alexandre descendia de Hércules, por Carano, e, do lado materno, dos Eacides, por Neoptolemo. Afirma-se que Filipe, estando em Samotrácia, ainda muito jovem, foi ali iniciado nos mistérios com Olimpíada, que, então, era menina e órfã de pai e mãe. Enamorou-se dela, conseguiu que Adimbas, irmão da moça, aprovasse o seu propósito, e a obteve em casamento. Na noite que precedeu aquela em que os nubentes se encerraram no quarto nupcial, Olimpíada teve um sonho. Pareceu-lhe ter ouvido o estrondo de um trovão e ter sido atingida pelo raio nas entranhas com o golpe, um grande fogo se acendera, e, depois de se dividir em numerosas labaredas crepitantes, logo se dissipara. Filipe, por sua vez, algum tem-

po depois do casamento, sonhou que marcava com um sinete o ventre da esposa, e que no sinete estava gravado um leão. Segundo a interpretação dos adivinhos, esse sonho significava que Filipe devia vigiar muito de perto sua mulher. Um deles, porém, Aristandro de Telmesso, afirmou que o sonho indicava a gravidez da rainha: "É de todo inútil — disse — marcar barcos vazios: Olimpíada traz no seio um filho que terá a coragem de um leão". Enquanto Olimpíada dormia, viu-se também um dragão deitado a seu lado; e — acrescenta-se — foi sobretudo por esse motivo que o amor de Filipe arrefeceu e os seus testemunhos de ternura diminuíram: não ia passar a noite com ela tão freqüentemente como antes, quer por medo de que algum malefício ou outro influxo mágico o atingisse, quer pelo respeito que o afastava do tálamo, que ele acreditava ocupado por um ser divino.

Dionísio cruza o mar com uma vinha. Séc. VI a.C. Staatliche Antikensammlugen, Munique.

Há ainda, a esse propósito, outra tradição. As mulheres daquele país (1), desde a mais remota antiguidade, deixam-se transportar pelo frenesi divino que entusiasma os adeptos dos cultos de Orfeu e de Baco.

Vem-lhes daí o nome de Clodonas e Mimalonas. Dedicam-se mais ou menos às mesmas práticas das Edonias e das mulheres da Trácia que habitam perto do monte Hemo, devido às quais empregamos, a meu ver, pelo menos, o verbo *tracizar*, com o qual designamos o hábito dos ritos excessivos e supersticiosos. Olimpíada, mais dedicada que as outras a essas mesmas superstições, e cujo fanatismo, ademais, tinha origem num aparato totalmente bárbaro (2), arrastava, nos coros de danças, serpentes domesticadas, que, deslizando fora da hera e das joeiras místicas, se enrolavam em torno dos tirsos dessas mulheres e entrelaçavam-se em suas coroas, provocando o espanto na assistência.

Seja como for, Filipe enviou Querão de Megalópolis a Delfos para consultar o oráculo acerca do sonho que havia tido; e, de volta, Querão declarou — segundo se diz — que Apolo ordenara-lhe que sacrificasse a Amon e venerasse de modo particular esse deus. Acrescenta-se que Filipe perdeu uma das vistas ao olhar através do buraco da porta, pelo qual vira Júpiter deitado ao lado de sua esposa, sob a forma de uma serpente. Olimpíada — conforme relata Eratóstenes — só a Alexandre, quando este partiu para sua expedição, revelou o segredo de seu nascimento, exortando-o a mostrar sentimentos dignos de tal origem. Outros, pelo contrário, asseveram que ela repelia essas histórias e dizia: "Quando cessará Alexandre de me caluniar junto a Juno?".

Alexandre nasceu no sexto dia do mês de Hecatombeon (3), que os macêdonios chamam de Lous, no mesmo dia em que o templo de Diana incendiou-se em Éfeso. A esse respeito, Hegesias de Magnésia soltou uma exclamação

Relevo de Diana. Museu Capitolino, Roma.

tão fria que seria suficiente para apagar aquele incêndio: "Não é estranho — diz ele — que o templo se tenha queimado, pois Diana estava ocupada com o parto da mãe de Alexandre!". Todos os magos que se achavam então em Éfeso, persuadidos de que essa fogueira fosse o prenúncio de mais uma desgraça, correram em torno, batendo no rosto e gritando que naquele dia nascera um flagelo terrível, pelo qual seriam trazidas à Ásia a ruína e a destruição. Filipe, que acabava de se apoderar de Potidéia, recebeu ao mesmo tempo três notícias felizes: a primeira, de que ele próprio havia ganho o prêmio na corrida de cavalos de sela, nos jogos olímpicos; a segunda, de que Parmenion havia derrotado os ilírios numa grande batalha; a terceira, de que Alexandre nascera. Seu regozijo — pode-se crer —, já grande por todas essas venturas, aumentou mais ainda pelas palavras dos adivinhos. "Um filho — asseguravam — cujo nascimento coincidia com três vitórias, devia ser mesmo invencível".

As estátuas que melhor representam a forma corporal de Alexandre são as de Lisipo, o único escultor ao qual ele teria permitido a reprodução de sua imagem. Com efeito, esse artista exprimiu perfeitamente aquele garbo que, depois, diversos sucessores e amigos de Alexandre procuraram imitar com afetação, como a atitude do pescoço, que ele inclinava um pouco sobre o ombro esquerdo, e a vivacidade dos olhos. Apeles, que o pintou representando Júpiter tonante, não soube reproduzir-lhe a cor da pele: fê-la mais morena e mais escura do que na realidade era, pois Alexandre — dizem — tinha a pele branca, duma alvura que ressaltava por um leve rosado, especialmente no rosto e no peito. Li, nas *Memórias* de Aristoxeno, que sua pele era perfumada, exalando-se-lhe da boca e de todo o corpo um odor agradável, que lhe perfumava a roupa. Talvez isso se devesse ao calor de seu temperamento, que era ardentíssimo; pois o bom odor é — como diz Teofrasto — o produto da cocção dos humores, mediante o calor natural. Aliás, os países mais secos e mais quentes da Terra são os que produzem em maior abundância os aromas melhores, uma vez que o Sol atrai, com substância corruptível, toda umidade que flutua na superfície dos corpos. Provinham, decerto, desse calor natural a coragem de Alexandre e o seu gosto pelo vinho.

Sua temperança nos prazeres fez-se notar desde os primeiros tempos de mocidade. Impetuoso e ardente em tudo o mais, era pouco sensível à volúpia, à qual só se entregava com moderação. O amor à glória, ao contrário, já se revelava nele, com uma força e uma elevação de sentimentos bastante superiores à sua idade. Não amava, porém, uma glória qualquer, nem adquirida indiferentemente em qualquer parte, como Filipe, que ambicionava, com uma vaidade de sofista, a fama de homem eloqüente e que mandava gravar em suas moedas as vitórias ganhas por seus carros nos jogos olímpicos. Indagado pelos amigos se iria disputar nos jogos olímpicos o prêmio da corrida, pois tinha grande agilidade, Alexandre respondeu: "Eu concorreria, se encontrasse reis como antagonistas". Percebe-se, aliás, a sua ojeriza pelo atletismo; de fato, ele, que tão freqüentemente ofereceu prêmios para serem disputados entre os poetas trágicos, ou entre os músicos que tocavam a flauta ou a lira, ou ainda entre os rapsodos; ele, que organizou combates de toda espécie de animais, com lutadores armados de pau, nunca mandou executar, pelo menos com prazer, exercícios de pugilato.

Um dia, recebeu alguns embaixadores do rei da Pérsia, enquanto Filipe estava ausente. Fez-lhes boa acolhida, encantou-os com sua gentileza e com suas perguntas, que nada tinham de infantis nem fúteis; informou-se acerca da distância entre a Macêdonia e a Pérsia, das rotas que conduziam às províncias da alta Ásia; perguntou como seu rei se com-

Pérsia e Macedônia, afresco encontrado na Vila de Boscoreale. Museu de Nápoles.

portava em guerra, e quais eram a força e o poder dos persas. Chegou a causar tanta admiração aos embaixadores que estes partiram convencidos de que a tão gabada habilidade de Filipe nada era em comparação com a vivacidade de espírito e as visões superiores de seu filho. Acontecia também que, quando se anunciava que Filipe tomara alguma cidade importante, ou que alcançara uma vitória memorável, Alexandre, em vez de manifestar alegria, dizia aos moços de sua idade: "Meus amigos, meu pai vai tomar tudo; e não deixará nada de grande e de glorioso para eu fazer um dia convosco". Atraído, como era, não pela volúpia e pelas riquezas, mas pela virtude e pela glória, julgava que, quanto maior extensão tivesse o império que devia herdar do pai, menores ocasiões se lhe apresentariam para se celebrizar; com a idéia de que Filipe, aumentando cada vez mais suas conquistas, diminuía para ele as probabilidades de belas empresas, o que desejava não eram as riquezas, o luxo e os prazeres, e sim receber das mãos do pai um reino no qual tivesse guerras que fazer, batalhas que travar, em suma, um campo para sua ambição.

Em torno dele, como é fácil pensar, havia grande número de pessoas que velavam pela sua educação: amos, pedagogos, preceptores, todos sob a direção de Leônidas, homem de costumes austeros, parente de Olimpíada. Como Leônidas não gostasse do título de pedagogo, embora as funções inerentes a esse título sejam tão nobres quando honradas, os outros, em sinal de respeito à sua dignidade e ao seu parentesco com a rainha, chamavam-no de amo e governador de Alexandre. O papel e o título de pedagogo cabiam ao acarnaniano Lisímaco, homem desprovido de qualquer simpatia, mas que sabia tornar-se agradável, dando a si próprio o

Alexandre aproxima-se de Bucéfalo. G.P. Tiepolo, Petit Palais, Paris.

apelido de Félix, a Alexandre o de Aquiles, a Felipe o de Peleu: ele ocupava o segundo cargo junto ao moço.

Filônico, o Tessálio, levou um dia a Filipe um cavalo chamado Bucéfalo que queria vender por treze talentos. Desceram à planície para o experimentar, mas o acharam difícil de mon-

Aristóteles e Alexandre Magno. La Filosofía Moral de Aristotel. Zaragoza, 1509.

tar e completamente rebelde: não deixava que ninguém o montasse, não podia suportar a voz de nenhum dos estribeiros de Filipe, e empinava-se contra todos os que queriam aproximar-se dele. Descontente, Filipe mandou que o levassem embora, persuadido de que nada se podia fazer com um animal tão selvagem e de que não se poderia domá-lo. Alexandre, que estava presente, exclamou: "Que cavalo estão perdendo!". E acrescentou: "É por inexperiência e timidez que não conseguem nada". Filipe, a princípio, ouvindo isso, ficou calado, mas, como Alexandre repetisse várias vezes as mesmas observações, e testemunhando o aborrecimento que o afligia, disse afinal: "Tu criticas pessoas mais idosas como se fosses mais hábil que elas, e como se fosses mais capaz de domar um cavalo". "Sem dúvida — respondeu o filho — eu conseguiria isso melhor que outro". "Mas, se não o conseguires — perguntou Filipe —, que castigo merecerás por tua presunção?". Alexandre respondeu: "Pois bem, pagarei o preço do cavalo". Essa resposta fez rir a todos; e Filipe concordou com o filho que quem perdesse pagaria os treze talentos.

Alexandre aproximou-se do cavalo, apanhou as rédeas e fez-lhe virar a cabeça para o Sol, pois observara que Bucéfalo parecia assustar-se com a própria sombra, a qual se projetava diante dele, reproduzindo-lhe os movimentos. Ao ouvi-lo bufar de cólera, acariciou-o suavemente com a voz e com a mão; depois, deixando cair o manto no chão, atira-se num rápido salto, e abraça-o com os joelhos, como senhor. Primeiro, contenta-se com manter-lhe alta a brida, sem lhe bater nem importunar, mas, ao perceber que o cavalo não insiste em sua rebeldia e está prestes a correr, abaixa a mão, abandona-lhe toda a brida, fala-lhe com voz mais severa, batendo-lhe com o tacão. Filipe e toda a assistência olhavam, a princípio, com inquietação mortal, e em profundo silêncio; mas, quando Alexandre virou a rédea, desembaraçadamente, voltando de cabeça erguida e todo orgulhoso de sua façanha, todos os espectadores cobriram-no de palmas. Dizem que o pai, na ocasião, derramou lágrimas de alegria e, quando Alexandre saltou do cavalo, beijou o filho na fronte: "Meu filho! — disse. — Procura um reino digno de ti! Para teu valor é pequena a Macedônia".

Tendo notado que o caráter de Alexandre era difícil de governar e que o moço resistia sempre quando queriam forçá-lo, mas que se deixava reconduzir facilmente ao dever pela razão, Filipe esforçou-se por dirigi-lo com a persuasão, mais do que impor-lhe suas vontades. E, não confiando muito nos mestres encarregados de ensinar-lhe a música e as artes liberais, cuja tarefa era orientar-lhe e aperfeiçoar-lhe a educação — tarefa cuja grande importância era intuída por ele, e que realmente exige, para repetir as palavras de Sófocles, "o emprego de mais de um freio e mais de um leme" —, mandou chamar Aristóteles, o mais célebre e o mais sábio dos filósofos (4), e, como remuneração pela

Aristóteles, Alexandre, Filipe e Olímpiada. Miniatura do séc. XIV.

educação do filho, deu-lhe lisonjeira e honrosa recompensa: mandou reconstruir Stagira, cidade natal de Aristóteles, por ele próprio destruída, e tornou a povoá-la, fazendo voltar seus habitantes foragidos ou reduzidos à escravidão. O lugar por ele destinado ao mestre e ao discípulo, para residirem e se dedicarem aos estudos, era Ninfem, perto de Mieza, onde ainda hoje em dia existem alguns bancos de pedra, chamados os "bancos de Aristóteles", e umas alamedas cobertas para o passeio à sombra.

Parece que Alexandre não se limitou somente ao estudo da moral e da política, mas se aplicou também às ciências mais profundas e secretas, às quais os discípulos de Aristóteles davam os títulos de acromáticas e epóticas (5) e que absolutamente não comunicavam ao vulgo. Isso é comprovado pela carta que Alexandre escreveu a Aristóteles, durante a expedição da Ásia, depois de ter sabido que o mestre acabara de publicar trabalhos em que tratava destas ciências. Censurando-o com toda a franqueza, em nome da filosofia, exprime-se exatamente nestes termos: "Alexandre a Aristóteles, saúde. Não aprovo a publicação dos seus tratados acromáticos. Em que seríamos superiores aos outros homens, se a ciência que nos ensinaste se tornasse comum a todos? Eu gostaria mais de estar acima dos outros pelos conhecimentos sublimes do que pelo poder. Adeus". Para consolar essa alma ambiciosa e para justificar-se, Aristóteles respondeu-lhe que a publicação era e não era uma divulgação. Com efeito, é verdade que o tratado sobre a *Metafísica* nada contém que possa auxiliar os discípulos no estudo ou os mestres no ensino, pois só foi escrito para recordar as idéias dos que já estivessem instruídos em todos os segredos da ciência (6). Parece-me também ter sido Aristóteles quem inspirou a Alexandre, melhor do que todos os outros mestres, a paixão pela medicina (7), pois Alexandre não se limitou à teoria dessa ciência: como se constatou em suas cartas, socorria os amigos enfermos e prescrevia-lhes certos remédios e regimes.

Alexandre tinha também uma atração natural pela literatura: gostava de estudar e de ler. Considerava a *Ilíada* como um arsenal para a arte da guerra; e era assim que a chamava. Aristóteles lhe deu a edição desse poema, por ele próprio corrigida, e chamada "edição da caixinha". Alexandre — segundo conta Onesicrites — punha-a todas as noites à cabeceira, como fazia com a espada. Não lhe sendo fácil, nas províncias da alta Ásia, obter livros, escreveu a Hárpalus pedindo que lhe enviasse alguns; e Hárpalus mandou-lhe as obras de Filistes, grande número das tragédias de Eurípedes, Sófocles e Ésquilo, e os ditirambos de Telestes e de Filoxenes.

A princípio, Alexandre mostrou grande admiração por Aristóteles. Não o amava menos — dizia — que seu pai, porque devia a este apenas a vida, ao passo que a Aristóteles devia a possibilidade de uma vida superior. Mais tarde, porém, passou a suspeitar do filósofo e, embora não lhe fizesse mal algum, deixou de manifestar os mesmos sinais de vivo afeto que lhe prodigalizara antes; era a prova evidente do afastamento que se foi produzindo entre ele e o mestre. Essa mudança de humor, porém, não excluiu de sua alma o gosto, ou melhor, a paixão ardente pela filosofia. Esse sentimento era inato nele e crescera à medida que avançava na idade: isso é demonstrado pelas honras por ele tributadas a Anaxarco, pelos cinqüenta talentos que enviou ao filósofo Xenócrates e pela profunda estima que tinha por Dandamis e por Cálamo.

Durante a guerra de Filipe contra os bizantinos, Alexandre, com dezesseis anos de idade, ficara na Macedônia, encarregado sozinho do governo e depositário do sinete real. Subjugou os nedaras, que se haviam revoltado, ocupou duas cidades, e, no lugar dos habitantes por ele expulsos, formou nova população, com a contribuição de povos diferentes, dando à cidade mesma o nome de Alexandrópolis. Interveio pessoalmente na batalha que Filipe travou contra os gregos em Queronéia; conta-se que foi o primeiro a assaltar o batalhão sagrado dos tebanos. Ainda hoje, nas margens do Cefiso, há um velho carvalho chamado "Carvalho de Alexandre", perto do qual fora instalado seu pavilhão no dia da batalha; e, nas proximidades, acha-se o cemitério onde foram enterrados os macedônios. Todas essas proezas, como se pode crer, faziam transbordar a ternura de Filipe pelo filho, a ponto de ficar encantado ao ouvir os macedônios chamarem Alexandre com o título de

Alexandre Magno combatendo taratrugas. Manuscrito do séc. XIII.

rei e ele próprio com o de general.

Mas os conflitos provocados na casa real pelos casamentos e pelo amores de Filipe e as agitações do gineceu, cujo contágio se comunicou de alguma forma a todo o reino, suscitaram freqüentes discussões entre pai e filho; e, às vezes, altercações violentas, que, exasperando Alexandre, eram fomentadas pelo caráter arrogante de Olimpíada, mulher de índole ciumenta e vingativa. Átalo desencadeou a tempestade, por ocasião das núpcias de Cleópatra, da qual Filipe se enamorara — apesar da diferença de idade —, casando-se com ela ainda muita moça. Átalo, tio de Cleópatra, tendo bebido demais durante o festim, convidava os macedônios a rogar aos deuses o nascimento de um herdeiro legítimo da realeza, filho de Cleópatra e de Filipe. "E

Cena de batalha de Alexandre, o Grande. Manuscrito do séc. XIII.

eu, então, oh celerado — gritou Alexandre, enfurecido pelo ultraje —, seria para ti apenas um bastardo?" E, assim dizendo, atirou-lhe a taça na cabeça. Filipe levanta-se da mesa e corre contra o filho com a espada desembainhada na mão; mas, por felicidade de ambos, a cólera e a embriaguez fizeram tropeçar o pai, que caiu. Então Alexandre, escarnecendo-o pela queda: "Macedônios — gritou —, eis o homem que se preparava para passar da Europa à Ásia. Ele cai, ao passar de um leito para o outro". Depois desse insulto, feito sob a ação do vinho, levou sua mãe Olimpíada para o Epiro se retirou para a Ilíria.

Nessa ocasião, Demarato, o Coríntio, hóspede da família, que podia falar com franqueza, foi visitar Filipe. Este, após as primeiras demonstrações de amizade, perguntou-lhe se os gregos viviam em harmonia na sua vida privada. "Na verdade, Filipe — respondeu-lhe Demarato —, és tu que te preocupas com a Grécia, quando tu encheste a tua casa de desinteligência e de infelicidades!". Diante dessa censura, Filipe caiu em si e enviou Demarato a Alexandre, que, em virtude das razões do amigo, voltou para a casa paterna.

No entanto, Pexodoro, sátrapa de Cária, desejando formar uma aliança ofensiva e defensiva com Filipe mediante um casamento, projetara casar sua filha mais velha com Arrideu, outro filho de Filipe, e, com este intuito, enviara Aristóclito à Macedônia. Os amigos de Alexandre e sua mãe Olimpíada recomeçaram logo as intrigas e acusações, insinuando que Filipe preparava para Arrideu, mediante um casamento brilhante e com a autoridade com a qual o revestiria, o caminho para o trono da Macedônia. Impressionado com essas suspeitas, Alexandre envia à Cária Tessalo, o Trágico, para aconselhar a Pexodoro que seria melhor renunciar à idéia do casamento com aquele bastardo, que era, ademais, muito extravagante, e pensar num casamento com Alexandre. Essa proposta sorria a Pexodoro muito mais que a primeira. Mas, a intriga chegou aos ouvidos de Filipe. Este faz-se acompanhar por Filotas, filho de Parmenion, um dos amigos e confidentes de Alexandre, e vai ter com este último em seus aposentos, onde o repreende com os termos mais violentos e amargos, tratando-o de covarde e indigno dos bens que lhe eram destinados, pois procurava ligar-se com um cariano, com o escravo de um rei bárbaro. Escreveu depois aos coríntios, ordenando que lhe enviassem Tessalo acorrentado, e desterrou da Macedônia quatro amigos do filho: Hárpalo, Nearco, Frígio e Ptolomeu. Mas Alexandre fê-los voltar tempos depois, cumulando-os de honras.

Pausânias, que, por instigação de Átalo e de Cleópatra, recebera o mais sangrento ultraje, não tendo podido obter justiça, assassinou Filipe. Atribuiu-se a Olimpíada a parte mais importante nesse crime: acusavam-na de ter excitado o moço, já irritado, contra o rei. O próprio Alexandre não escapou às suspeitas. Dizem que Pausânias fora queixar-se a ele após a injúria recebida, e que Alexandre lhe respondera citando este verso da *Medéia:*

"E o autor do casamento, o marido e a mulher" (8). Entretanto, Alexandre procurou e castigou severamente os cúmplices da conspiração, e manifestou sua indignação a Olimpíada, que se satisfizera, durante a sua ausência, com uma vingança cruel contra Cleópatra.

Alexandre estava com vinte anos quando sucedeu a seu pai, herdando um reino cercado por toda a parte de ciúmes encarniçados, de ódios terríveis e de perigos. Os povos

Filipe casa-se com Olímpiada. Miniatura do século XV. Petit Palais, Paris.

bárbaros dos países vizinhos não se resignavam, de fato, à servidão, lastimando a perda de seus reis. Por outro lado, Filipe, apesar de ter subjugado a Grécia pela força das armas, não tivera tempo para domá-la e submetê-la: havia apenas perturbado o estado das coisas, deixando-as em grande confusão e sem que se pudesse refazê-las após o desarranjo. Os macedônios, apreensivos com essa situação crítica, aconselhavam a Alexandre o abandono total da Grécia e a renúncia ao emprego de medidas violentas. "Era preciso — diziam — acalmar com brandura os bárbaros revoltados e pacificar com prudência as desinteligências nascentes". Mas Alexandre resolveu de modo absolutamente oposto, decidido a não procurar a segurança de seu império senão na sua própria audácia e magnanimidade, convencido como estava de que, por pouco que deixasse esmorecer sua coragem, excitaria contra si um levante geral.

Precipitou-se, então, com seu exército, sobre as margens do Íster (9), e em pouco tempo sufocou as agitações dos bárbaros e as guerras que o ameaçavam daquele lado. Derrotou, num grande combate, Sirmo, rei dos tribalos; depois, tendo sido informado de que os tebanos se haviam revoltado e de que os atenienses estavam de acordo com eles, quis provar que era homem. Sem perda de tempo, atravessou as Termópilas com seus soldados: "Demóstenes — disse — tratou-me de criança quando eu estava na Ilíria e no país dos tribalos, e de moço quando eu entrei na Tessália: far-lhe-ei ver ao pé das muralhas de Atenas que sou homem feito". Chegando diante de Tebas, deu a essa cidade o tempo de se arrepender. Pediu tão-somente que lhe entregassem Fênix e Prótites, prometendo outrossim plena e inteira segurança aos que se lhe submetessem. Mas os tebanos exigiam, por seu turno, que Alexandre lhes entregasse Filotas e Antipáter; e, com proclamas, convidavam os que quisessem concorrer para a libertação da Grécia a se enfileirarem entre eles. Diante disso, Alexandre decidiu-se a passar aos fatos, e fez avançar os macedônios.

Os soldados tebanos defenderam-se com coragem e ardor superior a suas forças, pois o inimigo era infinitamente mais numeroso; a vitória, porém, só se tornou decisiva no momento em que as tropas macedônias que ocupavam a Cadméia atacaram os tebanos pela retaguarda; então, os defensores de Tebas, envolvidos por todos os lados, morreram

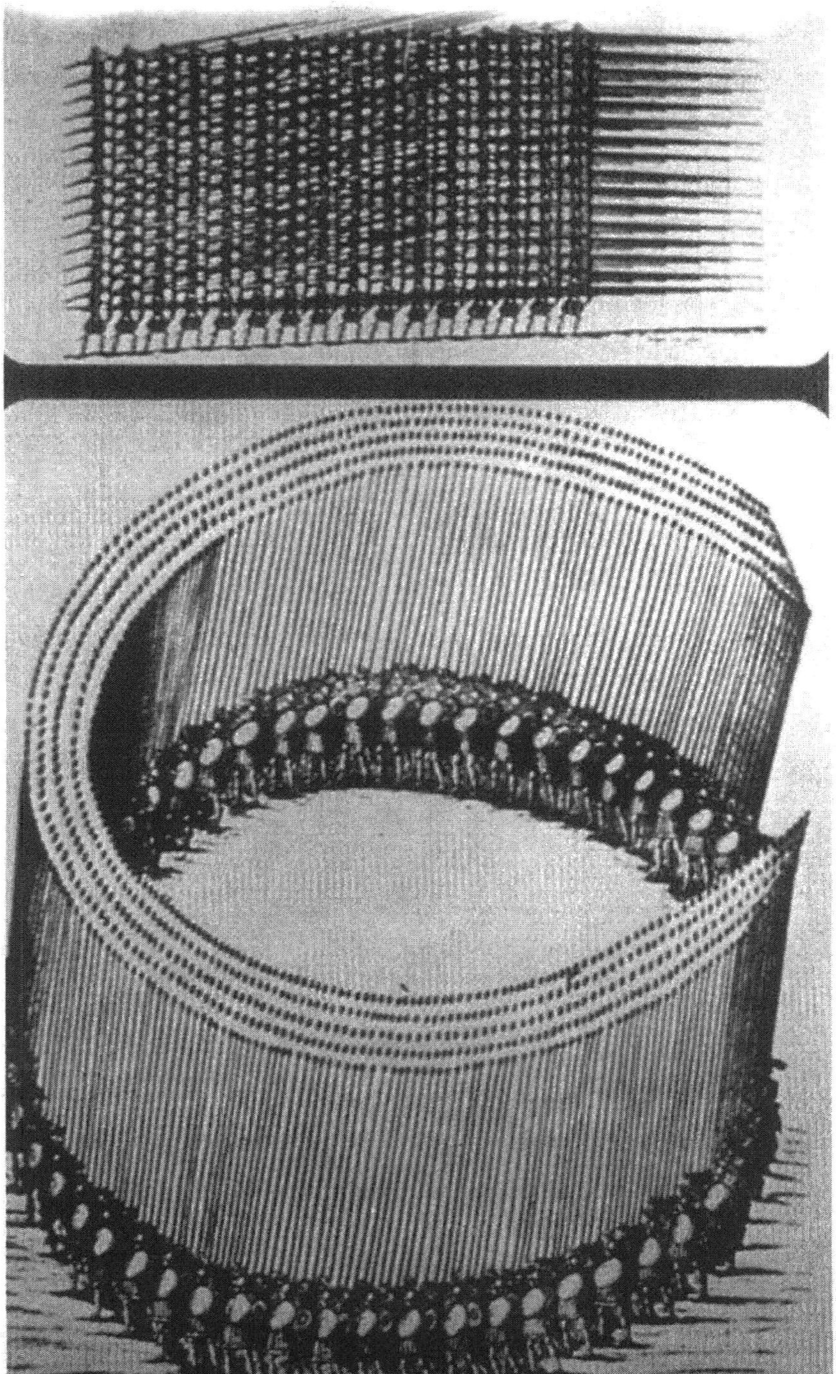

Desenhos das falanges macedônias. Ilustrações de 1613 para obra de Políbio.

quase todos em combate. A cidade foi tomada, abandonada ao saque e completamente destruída. Alexandre acreditou que esse exemplo de rigor produziria espanto e pavor entre os outros povos da Grécia e os obrigaria ao respeito; mas, para colorir com pretexto especioso a horrível execução, alegou que não pudera recusar-se a tomar em conta as queixas dos aliados. Na verdade, os fócios e os plateanos haviam formulado uma acusação contra os tebanos. Alexandre poupou a proscrição aos sacerdotes, aos hóspedes dos macedônios, aos descendentes de Píndaro e aos que se opuseram à rebelião. Vendeu os outros, em número de trinta mil: mais de seis mil haviam perecido na batalha.

Durante as inúmeras calamidades que a cidade sofreu, alguns soldados trácios arrasaram a casa de Timocléia, mulher que tinha a dúplice distinção de sua nobreza e de suas virtudes. Pilharam o dinheiro e os móveis; o próprio comandante, depois de a violar e desonrar, perguntou-lhe se tinha ouro ou prata escondido. Timocléia confessou que sim. Acompanhou-o ao jardim e mostrou-lhe um poço: "Lá dentro — disse. — Por ocasião da tomada da cidade, joguei tudo o que possuía de mais precioso". O trácio aproximou-se do poço, abaixando-se para olhar dentro. Timocléia, que ficara atrás dele, empurrou-o para baixo e cobriu-o com grande quantidade de pedras. Acorrentada e levada à presença de Alexandre pelos trácios, o rei compreendeu logo, pelo seu aspecto e pelo seu porte, que se tratava de mulher nobre e de grande coragem, pois seguia os soldados sem mostrar admiração nem medo. Ele perguntou quem era. "Sou — respondeu — irmã de Teageno, aquele que combateu contra Filipe pela liberdade dos gregos e que foi morto em Queronéia enfrentando o exército tebano". Alexandre admirou a resposta e o ato por ela praticado, e mandou que a soltassem e aos filhos.

Reconciliou-se com os atenienses, apesar da profunda dor que estes demostraram quando souberam da desventura dos tebanos. Haviam eles renunciado, em sinal de luto, a celebrar a festa dos mistérios (10), alguns dias depois; e haviam tratado com infinitas manifestações de humanidade os tebanos que se refugiaram em Atenas. Mas, ou porque a cólera de Alexandre, como a dos leões, já estivesse aplacado, ou porque ele quisesse opor a uma façanha tão atroz e bárbara um ato luminoso de bondade, não satisfeito com esquecer todos os motivos de queixa que pudesse ter, convidou a cidade a ocupar-se somente com seus negócios. "Atenas foi feita — disse — para ditar a lei à Grécia inteira". Mais tarde, afirma-se que, por diversas vezes, manifestava sincero arrependimento ao lembrar-se da desgraça dos tebanos; e essa lembrança, em muitas ocasiões, aplacou-lhe a cólera. Chegou mesmo a atribuir ao ressenti-

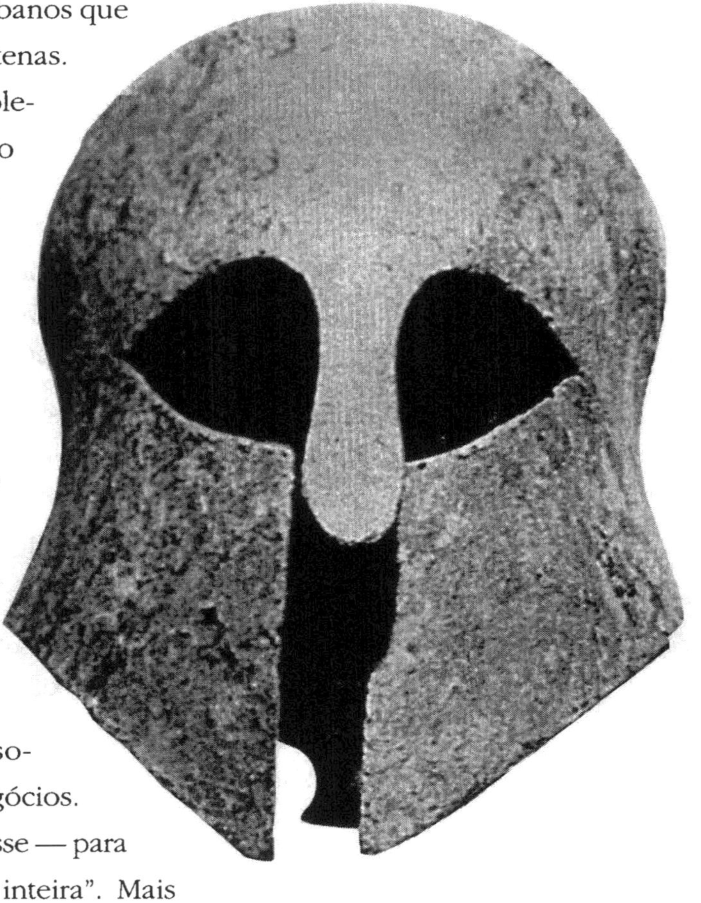

Elmo de bronze para proteger os generais macedônios.

mento e à vingança de Baco (11) o assassínio de Clito, que ele matara em estado de embriaguez, e à covardia dos macedônios, a recusa de segui-lo às Índias, deixando incompletas — se assim posso dizer — sua expedição e sua glória. E jamais, a partir dessa época, houve, entre os sobreviventes, um único tebano que a ele se dirigisse inutilmente para obter algum benefício. Isso, no que concerne a Tebas.

Os gregos estavam reunidos no istmo e haviam resolvido, com um decreto, que se agregariam a Alexandre, na guerra contra os persas. Alexandre foi nomeado chefe da expedição, e recebeu as visitas de uma multidão de estadistas e de filósofos, que iam felicitá-lo pela escolha dos gregos. Ele esperava que Diógenes de Sinope, que vivia em Corinto, fizesse outro tanto. Mas, como Diógenes mostrasse que absolutamente não se preocupava com ele, ficando tranqüilo no Cranium (12), foi ele mesmo visitá-lo. Diógenes estava deitado ao Sol; e, quando viu chegar uma multidão tão grande que o procurava, levantou-se um pouco e fixou olhar em Alexandre, o qual o cumprimentou e perguntou-lhe se precisava de alguma coisa. "Sim — respondeu Diógenes —, afasta-te um pouco do meu Sol". Essa resposta — dizem — impressionou vivamente Alexandre. O desprezo que lhe mostrou Diógenes inspirou-lhe uma alta idéia da grandeza de alma desse homem; e, na volta, ouvindo seus oficiais zombarem de Diógenes, disse: "Para mim, se eu não fosse Alexandre, queria ser Diógenes".

Alexandre foi a Delfos para consultar o deus daquele templo (13) acerca da expedição da Ásia; mas, por serem aqueles dias nefastos, não era permitido à sacerdotisa dar oráculos. Alexandre começou por enviar pedidos à profetisa para que fosse ao templo: ela recusou, alegando ser isso proibi-

Diógenes e Alexandre Magno. Imagines veterum illustrium philosophorum, 1685.

do pela lei. Então foi ele mesmo procurá-la, levando-a à força ao templo. A profetisa, vencida, por assim dizer, pela violência, exclamou: "Oh, meu filho! Tu és invencível". Ao ouvir essa palavra, Alexandre disse não precisar de outro oráculo, pois já lhe dera o que desejava.

No momento da partida do exército para a Ásia (14), Alexandre recebeu dos deuses diversos presságios. Na cidade de Libetres, por exemplo, uma estátua de Orfeu esculpida na madeira de cipreste cobriu-se, naqueles dias, de um suor abundante; e, como todos se atemorizassem, o adivinho Aristandro declarou que não se devia desanimar: "Este sinal — disse — anuncia que Alexandre fará proezas dignas de celebridade universal, que farão suar aos poetas e aos músicos, pelo labor que terão para cantá-las".

No tocante ao número dos soldados do exército da expedição, os que se limitam ao cálculo mais baixo contam trinta mil homens a pé e cinco mil a cavalo, e outros calculam trinta e quatro mil dos primeiros e quatro mil dos segundos. Aristóbulo afirma que Alexandre não dispunha, para os mantimentos de seu exército, de mais de setenta talentos; segundo Duris, possuía vitualhas apenas para um mês; mas Onesicrito assevera que havia também feito um empréstimo de duzentos talentos. Apesar desses recursos tão pouco importantes e magros para sustentar sua empresa, ele não embarcou antes de interessar-se pelos negócios particulares de seus amigos, e de ter dado a um deles uma fazenda, e a outro uma aldeia, a outro ainda a renda de um burgo ou de um porto. Como essas liberalidades esgotassem completamente os recursos de seu domínio, Pérdicas lhe perguntou: "Meu rei, que reservas tu para ti mesmo?". Alexandre respondeu: "A esperança". " Pois bem — concluiu Pérdicas —, nós a partilharemos contigo, nós que te acompanhamos na guerra". E recusou a dádiva que o rei lhe oferecia. Esse exemplo foi seguido por outros amigos; contudo, para Alexandre, foi um prazer mostrar-se bondoso para com os que aceitavam ou mesmo pediam essas dádivas; e gastou por isso a maior parte do que possuía na Macedônia.

Foi com esses sentimentos generosos e com essa disposição de espírito que Alexandre atravessou o Helesponto. Visitou

Ílion (15), fez ali um sacrifício a Minerva e algumas libações aos heróis; banhou com azeite a coluna funerária de Aquiles, andou em volta do túmulo, completamente nu, segundo o costume, com seus companheiros, depôs ali uma coroa, e felicitou o herói que teve, vivo, um amigo fiel, morto, um grande poeta para glorificar suas façanhas. Percorreu depois a cidade, para observar suas curiosidades; e, como alguém lhe perguntasse se queria ver a lira de Alexandre, respondeu: "Pouco me preocupo com ela; gostaria de ver a lira com que Aquiles cantou a glória e os grandes feitos de bravura".

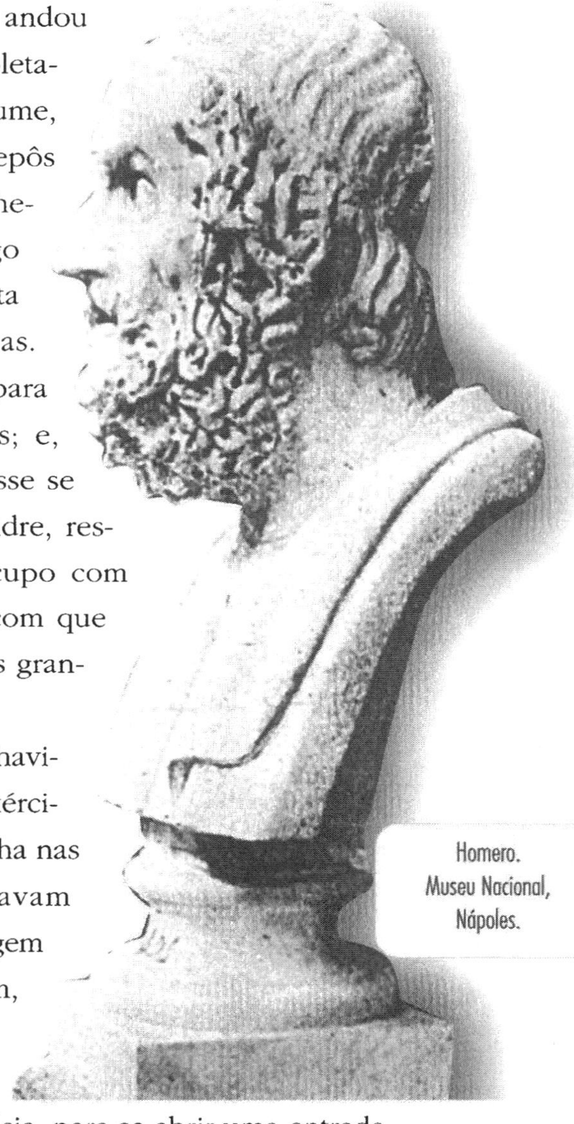

Homero. Museu Nacional, Nápoles.

No entanto, os generais de Dario haviam reunido considerável exército e, ordenados para a batalha nas margens do Granico, estavam prontos para impedir a passagem de Alexandre. Surgia assim, para este, a probabilidade duma batalha inevitável às portas, por assim dizer, da Ásia, para se abrir uma entrada e iniciar a campanha. Quase todos temiam a profundidade do rio, a altura e desigualdade da margem oposta, que não podia ser galgada senão de armas na mão. Alguns queriam que se observassem religiosamente, em relação aos meses,

Dario em mosaico encontrado em Pompéia. Museu Arqueológico Nacional, Nápoles.

os costumes antigos, pois os reis da Macedônia não costumavam fazer avançar tropas durante o mês de Désius (16). Alexandre reforçou essa superstição, ordenando que esse mês fosse chamado "segundo Artemísius". Parmenion dissuadia-o de arriscar a passagem naquele dia, por ser tarde demais. "Seria desonrar o Helesponto — disse Alexandre. — Se o atravessei, vou agora ter medo de passar o Granico?" E, sem perda de tempo, atira-se no rio, seguido por treze companhias de cavalaria, e avança, sob uma saraivada de flechas, para a outra margem, muito íngreme e coberta de armas e de cavalos. Luta contra a rapidez da correnteza, que o arrasta e cobre com suas ondas; conduzindo as tropas, dir-se-ia mais um temerário que um general prudente. Apesar das dificuldades, teima na passagem, e afinal galga a margem, a muito custo e com muito labor, pois a lama que cobre a margem torna-a úmida e escorregadia.

Logo depois de atravessar o rio, foi obrigado a um combate corpo a corpo, na maior confusão, homem contra homem, assaltado pelo inimigo que estava à espera na outra margem, e sem ter tido tempo de se preparar para a batalha. Os persas caíram sobre sua cavalaria, com grandes gritos; e, atacando-a de perto, pelejaram antes a golpes de lança, depois de espada, tendo quebrado as lanças. Uma multidão de inimigos precipitou-se sobre Alexandre, pois o reconheciam pelo brilho do seu escudo e pelo penacho de seu capacete encimado por duas asas de alvura deslumbrante e de tamanho maravilhoso. Foi atingido por um dardo no intervalo da couraça; mas o golpe não penetrou. Roesaces e Spitridates, dois generais de Dario, chegam juntos para atacá-lo; mas ele evita o segundo e bate com sua lança na couraça de Roesaces. A lança voa em estilhaços; imediatamente Alexandre põe-se de espada na mão. Enquanto estão os dois lutando com furor, Spitridates aproxima-se para tomar Alexandre de flanco e, erguendo-se sobre seu cavalo, dá-lhe na cabeça um golpe de cimitarra, que lhe abate o penacho com uma de suas asas. O capacete mal deteve a violência do golpe, e o gume da cimitarra penetrou até o cabelo. Spitridates preparava-se para assentar uma segunda pancada, quando foi prevenido por Clito, o Negro (17), que o atravessou com seu dardo. Ao mesmo tempo, Roesaces caiu morto por um golpe de espada de Alexandre.

Durante esse combate de cavalaria, tão perigoso e tão encarniçado, a falange macedônia atravessou o rio; e os dois corpos de infantaria começaram o ataque. A dos persas mostrou-se pouco vigorosa, e não ofereceu prolongada resistência: foi em curto tempo desbaratada e se pôs em fuga, com exceção dos mercenários gregos que se haviam retirado para uma colina e pediam que Alexandre lhes concedesse uma capitulação. Alexandre, conduzido mais pela cólera do que pela razão, joga-se primeiro no meio deles: seu cavalo cai morto debaixo dele, por um golpe de espada no flanco. Foi quase exclusivamente nessa ocasião que Alexandre teve mortos e feridos, pois enfrentava homens desesperados e cheios de bravura.

Diz-se que nessa batalha morreram vinte mil homens de infantaria e dois mil e quinhentos cavaleiros, ao lado dos bárbaros. Segundo Aristóbulo, não houve, do lado de Alexandre, senão trinta e quatro mortos, entre os quais nove de infantaria. O rei fez erigir a todos estátuas de bronze, esculpidas por Lisipo. Associou os gregos à honra de sua vitória, enviando, particularmente, aos atenienses, trezen-

Os três gregos treinam para o combate. Desenho de Lebrun. Museu do Louvre, Paris.

tos escudos dos que tomara aos inimigos, e fazendo gravar, em nome de toda a Grécia, esta gloriosa inscrição sobre o resto dos espólios: "Alexandre, filho de Filipe, e os gregos, excetuados os lacedemônios, tomaram isto aos bárbaros que habitam a Ásia". Das alfaias de ouro e de prata, dos tapetes de púrpura e dos móveis preciosos tomados aos persas, Alexandre reservou para si pequena parte, enviando o resto a sua mãe.

Essa batalha operou rápida e feliz mudança nos negócios de Alexandre, a tal ponto que Sardes, capital das províncias marítimas do Império persa, se rendeu e, com Sardes, todo o resto da região. As cidades de Halicarnasso e de Mileto foram as únicas a opor resistência: foram tomadas à força, e todo seu território foi submetido. Então Alexandre ficou incerto acerca da resolução que devia tomar. De um lado, queria, sem mais demora, marchar contra Dario e arriscar tudo numa batalha; de outro lado, achava mais acertado subjugar primeiro as regiões marítimas, para só atacar o inimigo depois de se ter fortalecido e enriquecido com essas primeiras conquistas.

Conta-se que, perto da cidade de Xanto, na Lícia, há uma fonte que transbordou nessa ocasião, desviando-se do seu curso sem nenhuma causa aparente. Do fundo de seu leito, emergiu uma tabuleta de cobre, na qual estavam gravados antigos caracteres que diziam que o império dos persas desapareceria, derrubado pelos gregos. Encorajado por essa promessa, Alexandre apressou-se em limpar todas as costas marítimas até à Fenícia e à Cilícia.

A rapidez de seu avanço na Panfília deu motivo a que diversos historiadores exagerassem os fatos e os convertessem em milagres, a fim de impressionar os espíritos. Narram eles que o mar, por favor divino, se retraiu diante de Alexandre, embora seja geralmente muito tempestuoso nessa costa perpetuamente batida pelas ondas e raramente deixe descobertas as pontas dos recifes que cercam a margem, ao pé dos cumes escarpados das montanhas. É sobre este pretenso prodígio que Menandro graceja, em uma de suas comédias:

COMO ISTO É DIGNO DE ALEXANDRE! SE EU PROCURAR ALGUÉM,
ELE SE ME APRESENTARÁ ESPONTANEAMENTE. E SE EU QUISER PASSAR
O MAR EM ALGUM PONTO, AÍ MESMO O PODEREI TRANSPOR.

Mas o próprio Alexandre, em suas cartas, nada diz a respeito desse milagre; conta simplesmente que, saindo de Fasélis, atravessou o Passo da Escada. Estivera diversos dias em Fasélis; e, tendo visto na praça pública, a estátua de Teodeto, que já havia falecido, foi, depois de ter ceado, aquecido pelo vinho, dançar em torno daquela estátua, mandando depositar ali algumas coroas; era este um modo muito amável e divertido de venerar a memória daquela personagem e as relações intelectuais que outrora travara com ela por intermédio de Aristóteles e da filosofia (18).

Subjugou depois, entre os pisidianos, os que experimentavam resistir-lhe, e conquistou a Frígia. Ocupou a cidade de Górdio, que já fora — dizia-se — a capital dos Estados da antiga Midas, e onde viu aquela afamada carroça, cujo jugo estava amarrado com uma casca de sorveira. Explicaram-lhe que, segundo uma antiga tradição, tida pelos bárbaros como certa, o destino reservara o império do universo ao homem que desatasse aquele nó. O nó era tão bem feito e se compunha de tantas voltas que não se podia perceber-lhe as pontas. Alexandre, a dar crédito à maior parte dos historiadores, não conseguindo desatá-lo, cortou-o com um golpe de espada, pondo diversas pontas em evidência. Aristóbulo, porém, assevera que Alexandre o desatou com a maior facilidade, depois de ter tirado a cavilha que segurava o jugo ligado ao leme e de ter puxado o jugo.

Partiu, então, para subjugar a Paflagônia e a Capadócia. Tendo sido informado da morte de Menon, um dos chefes da frota de Dario, que podia, conforme suas previsões, causar lhe as maiores dificuldades, obstáculos, e estorvar com mais eficácia a sua marcha, manteve o projeto de conduzir o exército para as altas províncias da Ásia. Dario já havia partido de Susa, confiante no número de suas tropas, que alcançavam mais de seiscentos mil combatentes, e encorajado principalmente por um sonho que os magos interpretavam em seu favor, mais pelo desejo de lhe agradar do que pelo de lhe dizer a verdade. Ele vira, nesse sonho, a falange macedônia completamente envolvida por labaredas. O próprio Alexandre servia-o como criado, vestido com a mesma roupa que ele próprio outrora vestira, quando ministro do rei; depois, Alexandre entrava no templo de Belus e desaparecia. Parece que o deus anunciava muito claramente, por meio dessa visão, o alto grau de grandeza e de esplendor reservado à pujança dos macedônios. Queria dizer que Alexandre se tornaria dono da Ásia, como outrora Dario, que, de ministro que era, chegou a ser rei; mas, em breve deixaria a vida, depois de atingir o ápice da glória.

A confiança de Dario aumentou ainda mais quando se convenceu de que era por covardia que Alexandre se demorava na Cilícia. Mas o que detinha Alexandre naquele lugar era uma doença, atribuída por alguns a seu cansaço, por outros a um banho tomado no Cidmus, cujas águas são geladas. Os médicos, persuadidos de que o mal estava acima de todos os remédios, não ousavam ministrar-lhe os socorros necessários, com medo de provocar, se não conseguissem curá-lo, o ressentimento dos macedônios. Só Filipe, o Acarnaniano, venceu esse receio. Vendo o rei em perigo

Alexandre Magno combatendo leões brancos. Manuscrito do séc. XIII.

extremo, contando com a amizade que Alexandre tinha por ele e considerando ainda a vergonha por que passaria se não se expusesse ao perigo para salvar aquela vida ameaçada, experimentando, para salvá-la, os últimos remédios e arriscando tudo, propôs-lhe um tratamento e convenceu-o de que devia confiar, se é que desejava tanto sarar e ficar em condições de continuar a guerra. Nessa ocasião, Alexandre recebera uma carta que Parmenion lhe enviara do campo, avisando-o de que devia pôr-se em guarda contra Filipe. Dizia a carta que Filipe, seduzido pelos ricos presentes de Dario e pela promessa de se casar com sua filha, comprometera-se a provocar a morte de Alexandre. O rei leu a carta e, sem a mostrar a nenhum dos seus amigos, guardou-a debaixo do travesseiro. No momento oportuno, Filipe, acompanhado pelos médicos, entrou no quarto, com o remédio que trazia numa taça. Alexandre deu-lhe com uma mão a carta de Parmenion, e, tomando com a outra a taça, engoliu o remédio de um só gole, sem deixar transparecer nenhuma suspeita. Foi admirável o espetáculo, uma cena deveras teatral, ver os dois homens — um, lendo, outro bebendo, depois se olharem um para o outro, mas um e outro de maneira bem diferente. Alexandre, com o rosto risonho e satisfeito, atestava ao seu médico a confiança que nutria por ele; e Filipe indignava-se contra a calúnia, ora chamando os deuses para provar sua inocência com as mãos levantadas para o céu, ora jogando-se sobre a cama de Alexandre e exortando-o a ter esperança e a deixar-se guiar por ele sem receio. O remédio, provocando forte reação, começou produzindo-lhe um grande abatimento no corpo, tirando-lhe e reprimindo-lhe, por assim dizer, todo o vigor até nas fontes da vida; e isso a ponto de Alexandre desmaiar, sem mais voz e apenas com um resto de pulso e de sensibilidade. Mas os socorros de Filipe fizeram-lhe logo recuperar as forças e aparecer aos macedônios, cuja inquietação e pavor só cessaram ao tornarem a ver Alexandre.

Havia, no exército de Dario, um macedônio chamado Amintas, fugido da Macedônia e que conhecia o caráter de Alexandre. Quando viu Dario prepara-se para passar os desfiladeiros das montanhas e marchar contra Alexandre, recomendou-lhe que esperasse na região em que se achava, a fim de combater em planícies espaçosas e descobertas contra um inimigo tão inferior em número. Dario respondeu que temia que os inimigos lhe escapassem fugindo e que ele não pudesse apoderar-se de Alexandre. "Oh, meu senhor — disse Amintas —, com isso, não me preocupo, pois Alexandre marchará certamente contra ti; e sem dúvida já está a caminho." Dario não se persuade com os conselhos de Amintas: levanta o acampamento e avança para

Escadaria de Apadana, (detalhe). Séc. VI-V a.C. Persépolis.

a Cilícia, enquanto Alexandre marcha na Síria, na frente dele. Não se encontraram, porém, naquela noite, e ambos recuaram. Alexandre, lisonjeado por essa combinação feliz, apressava-se a alcançar o inimigo nos desfiladeiros, ao passo que Dario procurava reocupar as primitivas posições e sair com o exército dos desfiladeiros. Dario, de fato, começava a reconhecer o erro cometido ao se aventurar nesses lugares apertados entre o mar e as montanhas, atravessados pelo rio Pinaro: campo de batalha incômodo para as evoluções de cavalaria, e cujo terreno, por ser muito acidentado, oferecia uma plataforma favorável a um inimigo inferior em número.

A fortuna dava a Alexandre uma posição favorável; mas Alexandre ultrapassou o benefício da sorte, assegurando-se a vitória pela habilidade com a qual ordenou em batalha suas

A batalha de Issus.
Séc. II a.C. Mosaico.
Procede da Casa do Fauno
Pompéia.
Museu Arqueológico
Nacional, Nápoles.

tropas. Apesar da multidão inumerável dos bárbaros, soube proteger seu exército, tão inferior em número, contra o perigo de ficar envolvido: fez sua ala direita avançar sobre a ala esquerda do inimigo, e, tendo reservado para si o comando dessa ala, pôs em fuga os bárbaros que tinha defronte, combatendo ele próprio nas primeiras fileiras. Foi ferido numa coxa por um golpe de espada, por mão do próprio Dario — segundo Charés —, tendo lutado os dois reis corpo a corpo; mas Alexandre, escrevendo a Antipáter os pormenores desse combate, não cita absolutamente quem o feriu; apenas que recebeu um ferimento de espada na coxa, e que esta ferida não teve complicações.

A vitória de Alexandre foi esplêndida, tendo custado mais de cento e dez mil homens aos inimigos. Ele não pôde, porém, apoderar-se da pessoa de Dario, que, tendo fugido, pôs entre eles quatro ou cinco estádios de distância: só tomou o carro e o arco de Dario. Encontrou os macedonios ocupados em saquear o acampamento dos bárbaros, no qual apreenderam riquezas imensas, embora os inimigos, para travar combate mais comodamente, deixassem em Damasco a maior parte de suas bagagens. Os macedônios reservaram para o rei a tenda de Dario, cheia de servidores ricamente vestidos, de móveis preciosos e de grande quantidade de ouro e prata. Chegando ali, Alexandre depôs as armas e tomou um banho: "Lavemos — disse — no banho de Dario o suor da batalha". Um de seus amigos observou: "Diz melhor no banho de Alexandre, pois os bens dos vencidos pertencem ao vencedor e devem ter o seu nome". Quando Alexandre viu as bacias, as banheiras, as urnas, as caixas de perfumes, todas as alfaias de ouro maciço e de arte perfeita, quando respirou o cheiro delicioso dos aromas das essências, pelos quais a sala estava embalsamada, quando visitou depois toda a tenda e admirou o valor e grandeza, a magnificência dos leitos e das mesas, a suntuosidade e a delicadeza da ceia, virou-se para os amigos e disse-lhes: "Eis aqui o que se podia dizer ser um rei!".

No momento em que iam para a mesa, foi-lhe anunciado que, entre os cativos, estavam conduzindo a mãe e a esposa de Dario, com suas duas filhas, que, ao verem o arco e o carro de Dario, prorromperam em altas lamentações desnudando os seios, na crença de que Dario tivesse perecido. Alexandre, mais sensível à desventura delas que à sua própria felicidade, depois de alguns momentos de silêncio, enviou Leonato para comunicar-lhes que Dario não estava morto, e que elas nada tinham que temer da parte de Alexandre; que este não fazia guerra contra Dario senão pelo império, e que nada lhes faltaria das honras com as quais estavam acostumadas enquanto Dario reinava. Essas palavras, tão suaves e consoladoras para mulheres prisioneiras, tiveram seqüência de fatos cheios de bondade. Alexandre permitiu que enterrassem quantos persas quisessem, e escolhessem nos despojos, para os funerais, todas as fazendas e ornamentos de que pudessem precisar. Conservou-lhes todos os oficiais que possuíam a seu serviço, com todas as distinções do seu grau: destinou-lhes até rendas mais consideráveis do que as que tinham a seu dispor precedentemente. Mas, o benefício mais belo e mais real que podiam receber em seu cativeiro as mulheres de coração nobre que sempre viveram castamente, foi o de nunca terem ouvido uma só palavra desonesta, nem terem tido ocasião de temer ou mesmo suspeitar algo da parte de Alexandre que soasse desrespeito a seu pudor. Encerradas num santuário virginal, protegido por sentimentos de piedade, viveram, no meio do acampamento inimigo, uma vida de completo isolamento e longe dos olhares da multidão. Todavia, a esposa de Dario era, pelo que se assevera, a mais bela das rainhas que existiram no mundo, assim como o próprio Dario era o mais belo e bem feito de todos os homens; e suas filhas eram parecidas com os pais.

Mas Alexandre, julgando com razão ser mais digno para um rei vencer-se a si mesmo do que triunfar sobre os inimigos, não tocou nas prisioneiras. Nem conheceu, antes do seu casamento, outra mulher a não ser Barsina. Enviuvada pela morte de Cenon, Barsina fora presa perto de Damasco. Sendo ela instruída na literatura grega, de costumes amáveis e de nascimento ilustre, pois seu pai era Artabazo, nascido da filha de um rei, Alexandre afeiçoou-se-lhe. Segundo Aristóbulo, foi Parmenion que lhe sugeriu que não ficasse indiferente a uma mulher tão formosa, e de espírito mais perfeito ainda que a própria formosura. Mas, quando viu as outras cativas, todas de um talhe e de uma beleza singulares, disse, gracejando, que as mulheres da Pérsia eram o tormento dos olhos. Às atrações de seu aspecto ele opunha a beleza de sua própria continência e de sua própria moderação, e passava ao lado delas como perante belas estátuas inanimadas.

Filoxeno, comandante das províncias marítimas, escreveu-lhe, um dia, que certo Teodoro de Tarento, seu vizinho, possuía dois meninos para vender, ambos de uma grande beleza; e Filoxeno perguntava ao rei se queria comprá-los. Alexandre, indignado com a proposta, exclamou várias vezes, perante seus amigos: "Que ação vergonhosa já me viu praticar, Filoxeno, para me propor semelhantes infâmias?". E dirigiu a Filoxeno, em resposta, as mais vivas censuras, ordenando-lhe que se libertasse da presença deste Teodoro e de sua mercadoria. Com igual severidade, repreendeu Hagnon, que lhe escreveu que queria comprar Crobilo de Corinto, jovem de maravilhosa beleza, para lhe presentear. Informando de que Damon e Timóteo, os dois macedônios que serviam às ordens de Parmenion, violaram as esposas de alguns soldados mercenários, escreveu a Parmenion ordenando que, se os dois soldados fossem mesmo culpados de tal crime, mandasse executá-los como animais ferozes nascidos para se tornarem flagelos dos homens. E, nessa carta, dizia ele, de si próprio, o seguinte: "Quanto a mim, não poderei ser censurado de ter visitado ou pensado em visitar a mulher de Dario; pois nem mesmo permiti que se falasse da sua beleza na minha presença". Era sobretudo em duas coisas que ele se reconhecia mortal, no sono e no amor, porque considerava a lassidão e a volúpia como dois efeitos de uma só causa: a debilidade da nossa natureza.

Sóbrio por temperamento, deu várias provas de frugalidade, particularmente em sua resposta a Ada, que ele adotara como mãe e nomeara rainha de Cária. Ada pensou agradar-lhe enviando-lhe todos os dias as carnes mais bem preparadas e as iguarias mais delicadas, com os melhores cozinheiros e os doceiros mais hábeis. Ele respondeu, porém, que não precisava dessa gente. "Meu governador Leônidas — disse — deu-me cozinheiros bem melhores: para o almoço, um passeio de madrugada; para a ceia, um jantar frugal". "Leônidas — acrescentou — revistava freqüentemente meus armários, onde estavam guardados meus aga-

Escadaria de Apadana, (detalhe). Babilônios. Séc. VI-V a.C. Persépolis.

salhos e minhas roupas, para ver se minha mãe pusera ali alguma coisa que revelasse moleza ou luxo".

Alexandre também deixava-se tentar pelo vinho muito menos do que se acreditou: teve essa fama porque tinha o hábito de ficar muito tempo à mesa; mas era menos para beber do que para conversar. A cada copo, punha sempre em discussão algum assunto de vasta proporção; ademais, só prolongava as refeições quando tinha bastante lazer. Quando se tratava de negócios, jamais o retinham vinho, o sono, nem o jogo, nem o amor, mesmo o mais legítimo, nem o mais belo espetáculo, ao contrário do que acontecia com outros comandantes. A prova melhor disso é a sua própria vida, de tão curta duração, que ele encheu com tantas gloriosas empresas.

Nos dias de lazer, sacrificava aos deuses logo ao levantar-se; depois sentava para almoçar, e passava o resto do dia caçando, julgando as desavenças que surgiam entre os soldados, ou lendo. Em suas marchas, quando estava com pressa, exercitava-se, durante o trajeto, em atirar com o arco e em subir e descer de um carro em disparada. Muitas vezes, divertia-se na caça à raposa ou aos pássaros, como se pode ler nas *Efemérides* (19). Ao chegar à casa, tomava

Alexandre e o general Crateros lutam com o leão. Mosaico de Pella.

um banho ou se fazia friccionar com óleo, e perguntava ao mestre da cozinha se havia preparado uma boa ceia. Só começava a refeição noite fechada, e ceava deitado. Cuidava minuciosamente de sua mesa, e velava pessoalmente para que todos os convivas fossem servidos por igual, sem lhes faltar coisa alguma; e, como já disse, assim ficava longas horas, pois gostava de conversar. Quanto ao mais, era o mais amável dos reis em suas relações: não lhe faltava recurso algum para se tornar agradável; à mesa, tornava-se importuno à força de gabar-se e se excedia um pouco em alardear valentia. Além de exaltar as suas próprias proezas, deixava-se levar e dominar pelos aduladores. O despudor dessa gente embaraçava os convivas mais honestos, que não queriam rivalizar com eles em lisonjas, nem ficar atrás nos elogios a Alexandre; no primeiro caso, sentir-se-iam constrangidos; no segundo, ficariam expostos aos maiores riscos.

Depois da ceia tomava outro banho e deitava-se: freqüentemente dormia até o meio-dia, às vezes o dia inteiro. Era, porém, tão moderado no consumo de iguarias, que, quando lhe traziam das províncias marítimas o que lá havia de mais raro em frutas e peixes, mandava dar de presente aos amigos o que recebia, muitas vezes sem deixar nada para si. Entretanto sua mesa era sempre suntuosa: com sua fortuna aumentou as despesas com ela, tendo chegado a gastar dez mil dracmas. Parou nesse limite, que foi o máximo fixado para os encarregados da sua alimentação.

Depois da batalha de Íssus, enviou tropas a Damasco, e mandou apreender o dinheiro e as equipagens que Dario ali depositara, assim como os filhos e as mulheres dos persas. Os cavaleiros tessálios conseguiram uma presa considerável.

Como tivessem se distinguido em combate, Alexandre designou-os expressamente para essa tarefa, a fim de que se enriquecessem. O resto do exército acumulou, igualmente, grandes riquezas; e os macedônios, que, pela primeira vez saboreavam os prazeres do ouro, do dinheiro, das mulheres, o luxo dos bárbaros, acabaram fazendo como os cães que provaram carniça; puseram-se a correr em todas as direções, procurando a pista das riquezas dos persas. Contudo, Alexandre achou que devia garantir, antes de mais nada, a posse das praças marítimas. Os reis de Chipre e de Fenícia vieram logo para se submeter: somente a cidade de Tiro recusou sua rendi-

Apolo (detalhe). 460-456 a.C. Do templo de Zeus em Olímpia. Museu Arqueológico, Olímpia.

ção. Então, Alexandre sitiou-a, tendo o sítio durado sete meses. Construiu diques para fechar o porto, pôs em atividade as máquinas, e investiu a praça do lado do mar, com duzentas trirremes. Durante o sítio, sonhou que Hércules, estendendo-lhe a mão, chamava-o do alto das muralhas. Diversos tirianos, também durante o sono, julgaram ter ouvido Apolo dizer-lhes que iria pôr-se ao lado de Alexandre, por estar descontente com o que se fazia na cidade. Os tirianos trataram o deus como um trânsfuga pego em flagrante: acorrentaram o colosso e o pregaram na base, chamando-o de alexandrista. Alexandre teve, dormindo, outra visão: pareceu-lhe ver um sátiro, que de longe brincava com ele, fugindo quando ele se aproximava para o prender. Longa e tenazmente perseguido por Alexandre, o sátiro acabou por se lhe entregar. Os adivinhos interpretaram esse sonho mediante um artifício que não teve muitos incrédulos: dividiram em duas partes a palavra "sátiro" de modo a dar-lhe o sentido de "tua Tiro" (*as* Tiros), indicando isso a Alexandre que a cidade lhe pertenceria. Ainda existe a fonte perto da qual ele acreditou ter visto o sátiro em sonho.

Enquanto se desenvolvia o sítio, Alexandre foi combater os árabes que habitavam o Ante-Líbano. Arriscou ali a vida, por causa de Lisímaco, seu preceptor. Lisímaco queria acompanhá-lo nessa expedição, dizendo que ele não era menos corajoso, nem mais velho do que Fênix. Quando chegaram ao pé da montanha, Alexandre abandonou os cavalos, para subir a pé. Os outros já haviam ganhado bastante dianteira; mas, como já fosse tarde e os inimigos não estivessem longe, não quis abandonar Lisímaco, esgotado de fadiga e mal podendo arrastar seu corpo pesado. Preocupado em encorajá-lo a continuar a marcha claudicante,

Friso dos Arqueiros (detalhe). Séc. V a.C. Tijolo esmaltado. Museu do Louvre, Paris.

não percebeu que ficara separado de suas tropas, apenas com um punhado de homens, e que devia atravessar lugares difíceis numa noite escura e com um frio pungentíssimo. Viu, ao longe, numerosas fogueiras, que os inimigos haviam acendido de vários lados. Confiando em sua agilidade natural e acostumado a pagar sempre em pessoa para aliviar aos macedônios o peso de seus labores, corre até aos bárbaros cujas fogueiras, estavam mais próximas, atravessa com a espada dois que estavam sentados perto do fogo e, apanhando um tição aceso, volta para os seus. Então, estes acenderam grandes fogueiras e os bárbaros, aterrorizados, fugiram precipitadamente. Os que experimentaram atacá-los foram desbaratados, e os macedônios passaram a noite sem perigo. Esta é a narração de Charés.

Vamos ver, agora, como acabou o sítio. As tropas de Alexandre estavam tão fatigadas pelos freqüentes combates que ele deixava descansar a maior parte, enviando apenas um reduzido número a repetir o assalto, para manter o inimigo em alarma. Um dia, estando o adivinho Aristandro sacrificando e tendo afirmado aos que assistiam ao sacrifício que, pelo exame dos sinais apresentados pelas vítimas, a cidade seria tomada, com certeza, ainda aquele mês, todos prorromperam numa gargalhada, zombando da profecia, pois era aquele o último dia do mês. O rei, que via Aristandro embaraçado e gostava de favorecer sempre as predições dos adivinhos, ordenou que aquele dia não fosse mais contado como o trigésimo do mês e sim como o vigésimo oitavo; depois, mandou tocar as trombetas, e deu assalto às muralhas, dessa vez com vigor maior do que primeiro havia determinado. O ataque foi muito animado; as tropas do acampamento não puderam conter-se e correram em socorro dos seus camaradas; os tirianos perderam a coragem e a cidade foi tomada naquele mesmo dia.

Alexandre partiu de Tiro e foi sitiar Gaza, a maior cidade da Síria. Durante o sítio, um pássaro, que voava por cima da cabeça de Alexandre, deixou cair no ombro deste um torrão de terra; depois ao pousar numa das máquinas, ficou preso nas redes de nervos que serviam para manobra de abordagens. Os acontecimentos confirmaram a interpretação que Aristandro dera àquele sinal. Alexandre foi ferido no ombro e ocupou a cidade. Enviou a Olimpíada, a Cleópatra e aos amigos a maior parte dos despojos. Ao mesmo tempo, mandou a Leônidas, seu governador, quinhentos talentos de incenso e cem talentos de mirra, para recordar uma esperança concebida quando menino. Um dia, ao que

Pirâmide de Quéfren. 2560-2475 a.C. Base 215,25 m; altura 143,50 m. Gizé.

parece, enquanto Alexandre enchia as mãos de incenso para o despejar no fogo do sacrifício, Leônidas dissera-lhe: "Alexandre, quando tiveres conquistado o país produtor destes aromas, poderás ser tão pródigo no uso do incenso; agora, porém, precisas ser mais moderado". Então, Alexandre escreveu-lhe: "Envio-te uma farta provisão de incenso e de mirra, para cessares de tratar os deuses mesquinhamente".

Haviam-lhe levado uma caixinha, que os guardiães dos tesouros e das alfaias tomadas a Dario julgaram ser a coisa mais preciosa do mundo; e ele perguntou aos amigos o que julgavam mais digno de ser fechado ali dentro. Depois de cada um ter dito o que mais estimava, disse Alexandre: "Pois eu guardarei a *Ilíada*". Foi pelo menos o que escreveram diversas testemunhas fidedignas. A ser verdadeira a narração dos alexandrinos, baseados na palavra de Heraclides, Alexandre não se saiu mal nessa expedição, aproveitando os conselhos de Homero. Dizem eles que, depois de conquistado o Egito, Alexandre projetou a construção duma cidade grega, grande e populosa, dando-lhe seu próprio nome. Já com o parecer dos arquitetos, medira e traçara o âmbito dessa cidade, quando uma noite, enquanto dormia, teve uma visão maravilhosa: pareceu-lhe ver um velho de cabelos brancos e de rosto venerando parar perto dele e recitar estes versos:

Há uma ilha depois, em mar de ondas tempestuosas,
Na costa do Egito: chama-se Faros.

Então, levanta-se e vai visitar Faros, que era ainda uma ilha, um pouco acima da boca Canópica, ao passo que hoje em dia faz parte do continente, com o qual está ligada por um terrapleno. Ficou impressionado pela disposição admirável do lugar, pois a ilha é uma faixa de terra bastante estreita, colocada como um istmo entre o mar e uma lagoa considerável, terminando por um grande porto. "Homero — disse ele —, esse poeta maravilhoso, é também o mais hábil dos arquitetos". E mandou que traçassem um plano da nova cidade, conforme a posição do lugar. Como não houvesse giz no momento, empregaram farinha e traçaram sobre o terreno, que era de cor quase negra, uma cerca arredondada em forma de clâmide, cuja superfície era formada na base por duas linhas retas de igual comprimento e que eram como que as duas franjas do traçado. O rei olhava para esse plano com prazer, quando de repente uma nuvem de grandes pássaros de espécies diversas cobriu o lugar onde o traçado fora desenhado, não deixando depois vestígios de toda a farinha. Alexandre estava perturbado por esse prodígio; mas os adivinhos confortaram-no, dizendo-lhe que a cidade que ele queria construir possuiria em abundância toda espécie de bens e abasteceria grande número de habitantes, provenientes de todos os países do mundo. Então, ordenou que os arquitetos iniciassem imediatamente as obras.

E, enquanto isso, partiu para visitar o templo de Amon. O caminho era longo, fatigante, cheio de obstáculos. Havia dois perigos: antes de mais nada, a falta d'água, que torna o país deserto durante muitos dias de marcha; depois, ao atravessar aquelas imensas planícies de areias movediças, a possibilidade de ser surpreendido por um vento violento do sul, como aconteceu ao exército de Cambises; conta-se que esse vento, levantando grande quantidade de areia, transformou a planície como que num mar tempestuoso,

Colunas do Capitel Campaniforem de Sala Hipóstila do Templo de Amon. 1308-1224 a.C. Karnak.

devorando e destruindo, num instante, cinqüenta mil homens. Quase não havia quem não se perturbasse com essa lembrança, mas não era fácil dissuadir Alexandre, quando ele estava resolvido a agir. A Fortuna, que sempre lhe era benevolente, tornava-o firme em seus propósitos; a sua coragem, em todas as empresas, dava-lhe aquela obstinação invencível que não somente atuava sobre os inimigos, mas até sobre os lugares e o tempo.

Os auxílios que seu deus lhe concedeu durante aquela viagem, para transpor as dificuldades do caminho, encontraram mais crédito do que os oráculos com que depois lhe respondeu; ou melhor, esses auxílios fizeram com que ele acreditasse nos oráculos. Júpiter começou por fazer cair chuvas

Alexandre chega ao Oásis de Siwah onde se faz honrar filho do deus Amon. Miniatura francesa da Renascença.

abundantes, que arrastaram o medo da sede e que, moderando a secura ardente da areia, temperada pela água, tornaram também o ar mais puro e mais fácil de respirar. Depois, como os marcos que serviam de indicação aos guias estivessem confundidos, e os soldados de Alexandre, vagando por todos os lados, ficassem separados uns dos outros, apareceu repentinamente um bando de corvos que, encabeçando a marcha, indicara o caminho, precedendo o exército quando este avançava e esperando quando parava ou retardava o passo. E, para completar o prodígio — segundo a narração de Calisteno —, com seus gritos noturnos chamava os que se desviavam, repondo-os na rota.

Atravessando o deserto e chegando à cidade onde estava o templo, Alexandre foi saudado pelo profeta de Amon com o título de filho de Júpiter. Alexandre lhe perguntou se alguém entre os assassinos de seu pai tinha escapado à sua vingança. "Que estás dizendo? — replicou o profeta. — Teu pai não é mortal". Ele então corrigiu-se e perguntou se havia castigado todos os assassinos de Filipe. Perguntou-lhe também acerca do império que lhe era destinado, e ainda quis saber se o deus lhe concedia reinar sobre o universo inteiro. O deus respondeu-lhe, por intermédio do profeta, que isso lhe seria concedido, que a morte de Filipe já fora completamente vingada. Então Alexandre fez a Júpiter oferendas magníficas e aos sacerdotes ricos presentes. Eis a narração da maior parte dos historiadores a respeito desses oráculos. Mas o próprio Alexandre, numa carta à sua mãe, diz que recebeu do oráculo respostas secretas, que comunicaria somente a ela, em seu regresso. Alguns afirmam que o profeta, querendo dirigir-lhe em grego a saudação de amizade — *o paidion* ("oh, meu caro filho") —, enganou-se na última letra da palavra por ignorar a língua, e colocou um *s* lugar do *n*, *o pai Dios* ("oh, filho de Júpiter!"). Esse erro de pronúncia agradou muito a Alexandre, e foi a origem do boato que depois tanto se espalhou, segundo o qual o deus o teria chamado de filho.

Alexandre teve, no Egito, uma entrevista com o filósofo Psamon e aplaudiu sobretudo — dizem — esta máxima: "Deus é o rei de todos os homens, pela razão mesma de que, em toda parte, quem domina e comanda é o divino". A esse propósito, manifestou ele próprio um pensamento ainda mais filosófico: "Deus é o pai comum de todos os homens; mas reconhece particularmente como seus filhos os homens mais virtuosos".

Em geral, Alexandre era muito altivo com os bárbaros, e mostrava-se, na presença deles, persuadido de sua origem divina; com os gregos, era mais reservado, e não se deificava senão com certa moderação. Um dia, escrevendo aos atenienses, sobre Samos, esqueceu-se e disse: "Não fui eu que vos dei esta cidade livre e célebre; vós a recebestes daquele que então se chamava meu senhor e meu pai". Era Filipe quem ele designava com essas palavras. Mas, em outra ocasião, ferido por uma flecha, e sofrendo uma dor cruciante, disse: "Meus amigos o que corre aqui é sangue, e não aquele licor sutil

QUE ESCORRE DAS FERIDAS DOS DEUSES IMORTAIS".

Certa vez, durante um trovoada, todos estavam tomados de pavor. "Filho de Júpiter — disse-lhe o sofista Anaxarco, que se achava presente —, não és tu que produzes todo este barulho?" Alexandre respondeu: "Não, eu não procuro amedrontar os meus amigos, como tu que desprezas a minha ceia, porque à minha mesa se servem peixes e não cabeças de sátrapas". Com efeito, afirma-se que, tendo o rei enviado alguns peixes a Hefestion, Anaxarco referira-se à maneira por que Alexandre o censurava: era um modo de testemunhar seu desprezo pelos que cobiçam as grandes fortunas expondo-se a infinitos perigos e grandes labores, e, ao mesmo tempo, de mostrar, com pungente ironia, que eles nada ou quase nada possuem acima dos outros mortais, apesar de todos os seus prazeres e de todos os seus gozos.

Vê-se bem, pelos diversos rasgos que acabamos de relatar, que Alexandre estava longe de enganar-se sobre si mesmo e de envaidecer-se por sua pretendida divindade: limitava-se a utilizar a opinião que os outros tinham a respeito, para dominá-los.

Na sua volta do Egito para a Fenícia, organizou sacrifícios e cerimônias solenes em honra dos deuses. Mandou celebrar coros de danças e jogos nos quais foi disputado o prêmio para a melhor tragédia e que foram notáveis não somente pela magnificência do aparato, mas também pela emulação entre os que participaram das partidas. Os reis de Chipre encarregaram-se disso, como fazem em Atenas os côregos sorteados nas tribos (20); e houve entre eles um ardor maravilhoso em vencerem uns aos outros. Mas ninguém pensou em ser mais magnífico do que Nicoreon de Salamina e do que Pasicrates de Soli; pois a eles coube equipar os dois atores mais afamados: Pasicrates apresentou na cena Atenodoro; Nicareon fez aparecer Tessalo. Alexandre favorecia Tessalo; mas só se interessou por ele depois que os sufrágios dos juízes o proclamaram vencedor. "Apóio o julgamento — disse então, saindo do teatro —, mas teria dado parte do meu reino para não ver Tessalo vencido". Atenodoro, multado pelos atenienses por não ter comparecido às festas de Baco, rogou ao rei que intercedesse em seu favor. Alexandre não fez, mas pagou a multa em lugar dele. Licon, o Scarpiano, recitava no teatro com êxito extraordinário; introduziu na comédia um verso, com o qual pedia dez talentos; Alexandre sorriu, e lhos deu.

Enquanto isso, Dario escreveu uma carta a Alexandre e lhe enviou diversos amigos seus para entrar em negociações. Propunha-lhe dez mil talentos pelo resgate dos prisioneiros, todos os territórios aquém do Eufrates e uma de suas filhas em casamento. Com essas condições, prometia-lhe sua aliança e amizade. Alexandre comunicou as propostas de Dario a seus cortesãos. "Eu — disse Parmenion —, no lugar de Alexandre, as aceitaria". "E eu — disse Alexandre — também, por Júpiter!... no lugar de Parmenion". Escreveu a Dario que ele seria tratado com todas as atenções devidas à sua posição, se fosse entregar-se em suas mãos: "Do contrário — acrescentou — marcharei logo contra ti".

Um acontecimento imprevisto obrigou-o de repente a ocupar-se com outro assunto. A esposa de Dario morreu de parto. Alexandre mostrou-se verdadeiramente aflito, sentindo ter perdido ocasião tão favorável para demonstrar sua doçura. Nada poupou para que aquela mulher tivesse exéquias suntuosas. Um dos eunucos de serviço, chamado Tireu, feito prisioneiro com as princesas, tendo fugido do acampamento, correu a toda a brida para dar a Dario a notícia da morte de sua esposa. Ao recebê-la, Dario bateu na cabeça de desespero, inundando-se de lágrimas. "Infeliz destino o dos persas! — exclamou. — Não bastava que a esposa e irmã (21) do rei tivesse sido presa durante sua vida: depois de morta, não terá honras reais". "Mas — disse então o eunuco —, no tocante às honras devidas a sua alta posição, oh rei, não podes queixar-te do destino dos persas; nem minha senhora Statira enquanto viveu, nem tua mãe, nem tuas filhas podem queixar-se da perda de seus bens, e de suas distinções de outrora, senão pela falta de ver tua luz, que nosso soberano senhor Oromasdes (22) fará de novo resplandecer com todo o seu fulgor. Falecida, Statira não foi privada de nenhum dos ornamentos que podiam acompanhá-la em seus funerais; teve mesmo a honra das lágrimas de seus inimigos, pois Alexandre é tão generoso depois da vitória quanto valente nas batalhas".

Essas palavras suscitaram a confusão na mente de Dario; e a dor

Escadaria de Apadana. Guardas persas. Séc. VI-V a.C. Persépolis.

arrastou-lhe a alma a estranhas suspeitas. Conduziu o eunuco ao lugar mais retirado de sua tenda, e assim falou: "Se tua afeição não se virou para os macedônios, como já aconteceu com a da Fortuna dos persas; se Dario é ainda teu senhor, dize-me, pelo respeito que deves à grande luz de Mitras e a esta mão real: a morte de Statira não é talvez a menor das desgraças que eu possa chorar? Não sofremos nós, durante sua vida, infortúnios mais lastimáveis? E não seríamos nós infelizes com maior honra, se tivéssemos contra nós um inimigo cruel e feroz? Que vínculo honesto poderia induzir um jovem guerreiro a prestar tão grandes honras à esposa de seu inimigo?. Como ele continuasse a falar, Tireu precipitou-se a seus pés, suplicando-lhe que usasse de outra linguagem: "Não — disse —, não faças essa injúria a Alexandre; não desonres, agora que está morta, tua mulher e irmã; não recuses a ti mesmo a maior consolação que te oferece o destino: a certeza de ter sido vencido por um homem superior à natureza humana e que

Cilindro de Dario.
Inscrição trilíngüe.
Séc. V a.C.
British Museum, Londres.

merece toda a tua admiração, por ter dado às mulheres dos persas mais provas de sua continência do que tinha dado de seu valor aos próprios persas". O eunuco confirmou suas palavras com os mais terríveis juramentos, e citou várias outras provas da moderação de Alexandre e da sua grandeza de alma. Dario voltou, então, para junto de seus amigos e, com as mãos levantadas para o céu, dirigiu a deuses esta prece: "Deuses que presidis ao nascimento dos homens e ao destino dos impérios, concedei-me a graça de transferir aos meus sucessores a grandeza dos persas ressurgida após a queda e devolvida ao esplendor em que estava quando subi ao trono, a fim de que eu possa, vencedor de meus inimigos, reconhecer os benefícios com os quais me cumulou Alexandre em minha desgraça, com seu comportamento para com os seres que eram para mim os mais queridos! Mas, se estivermos no termo fixado pelo destino para a realização das vinganças divinas, se o império dos persas chegou a seu fim e se devemos adaptar-nos à vicissitude dos acontecimentos humanos, não permitais que outro senão Alexandre se sente no trono de Ciro".

Eis, segundo a narração da maior parte dos historiadores, o que se passou naquela ocasião, bem como os discursos pronunciados.

Alexandre, já senhor de todos os territórios situados aquém do Eufrates, marchava contra Dario, que descia com um exército de um milhão de homens. Um dia, um de seus amigos foi contar-lhe, para diverti-lo, que os soldados do exército grego, por brincadeira, dividiram-se em dois partidos; que, para encabeçar cada um dos partidos, escolheram um chefe; e que a um desses chefes deram o nome de Alexandre e ao outro o de Dario. "Deram início às hostilidades —

narrava ele — atirando torrões de terra uns contra os outros; depois, passaram aos muros; por fim, o combate acendeu-se, chegando eles a combater-se a pedradas e pauladas; e agora não se consegue acalmá-los". Alexandre mandou que os dois chefes se pusessem um contra o outro: armou, ele mesmo, o que cognominaram de Alexandre, enquanto Filotas armou o apelidado Dario. O exército assistia como espectador a esse duelo, esperando o resultado como presságio do que deveria acontecer entre os dois reis. Após um combate muito rude, o que representava Alexandre foi vencedor; e, como prêmio de sua vitória, recebeu doze aldeias e o privilégio de vestir-se com o costume dos persas. Isto é narrado por Eratóstenes.

A grande batalha de Alexandre contra Dario não se deu em Arbelas, como escreve a maior parte dos historiadores, e sim em Gogamelas, nome que significa — dizem — "casa do camelo" e que nos faz lembrar um fato histórico. Um rei persa, tendo escapado aos inimigos montado num camelo, fê-lo depois alimentar-se naquele lugar, destinando-lhe algumas aldeias e rendas particulares. Houve, no mês de Boedromion (23), no começo da festa dos mistérios, em Atenas, um eclipse da lua; e, na décima primeira noite depois do eclipse, os dois exércitos se encontraram. Dario preparou seu exército para a batalha e passou-o em revista à luz das tochas. Quanto a Alexandre, enquanto os macedônios descansavam, fez com Aristandro, seu adivinho, sacrifícios secretos em sua tenda, imolando vítimas ao Medo.

Os mais idosos de seus amigos, Parmenion entre eles, vendo a planície entre o monte Nifate e os montes Gordianos iluminada pelas tochas dos bárbaros, admirados pela multidão inumerável dos inimigos e impressionados pela mistu-

Baixo relevo rupestre (detalhe): Dario, o Grande. Séc. VI-V a.C. Bisutun.

ra confusa de vozes inarticuladas e pelo tumulto horrível que subia de seu acampamento como o rugir de um mar imenso, falavam da dificuldade em repelir em pleno dia um exército tão formidável. Foram procurar Alexandre, quando este acabara seu sacrifício, e aconselharam-no a atacar os inimigos durante a noite para ocultar aos macedônios, com o auxílio das trevas, o que havia de mais espantoso no combate que estava para começar. Alexandre respondeu-lhes com esta frase, que depois se tornou tão célebre: "Eu não furto a vitória". Alguns não viram nessa resposta senão uma vaidade temerária, não aprovando que Alexandre pilheriasse em presença de tama-

Punhal de ouro.
Séc. VIII-VII a.C.
Museu de Teerã.

nho perigo. Segundo outros, era, pelo contrário, nobre confiança no presente e prudente previsão do futuro; era impedir que Dario, depois da derrota, pudesse retomar coragem e tentar ainda a sorte, acusando a noite e as trevas por essa segunda derrota, como atribuíra a primeira às montanhas, aos desfiladeiros, à proximidade do mar. Alexandre compreendia que nunca a insuficiência de armas e de soldados obrigaria Dario, senhor de tão grande pujança e com um império tão vasto, a cessar de combater, e que ele só renunciaria à guerra quando, vencido pelo emprego da força e em pleno dia, se convencesse de sua fraqueza, perdendo o orgulho e as esperanças.

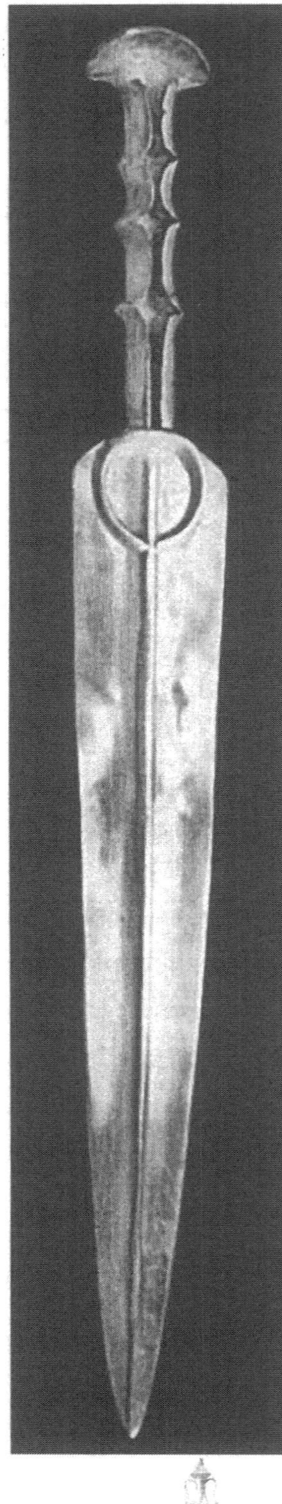

Quando os oficiais se retiraram, Alexandre deitou-se debaixo da tenda; e, contrariamente ao seu hábito — dizem —, dormiu profundamente toda a noite. Também os generais ficaram muito admirados quando, ao amanhecer, tendo ido receber suas ordens, o encontraram adormecido, de forma que precisaram eles mesmos dar às tropas a ordem para tomarem sua refeição.

Afinal, não havendo mais tempo a perder, Parmenion entrou na tenda, aproximou-se da cama, chamou-o duas ou três vezes pelo nome, e perguntou-lhe, quando ele despertou, como podia dormir tanto, parecendo que já tinha vencido a maior das batalhas e não que se preparava para combater. "Ora essa! — respondeu Alexandre sorrindo. — Já não te parece uma vitória não precisarmos correr de um lado para outro em busca de Dario, como no tempo em que ele fugia por vastos campos que assolava aos nossos olhos?.

A grandeza de alma que Alexandre mostrava antes da batalha não foi menos resplendente no momento do mais forte perigo: sua presença de espírito e sua confiança não se desmentiram um instante. A ala esquerda, comandada por Parmenion, foi vencida e desbaratada pela violência e aspereza extremas do ataque da cavalaria dos batrianos, assim como pelo assalto pela retaguarda. Mazeo dispunha de cavalaria para envolver a falange e precipitar-se sobre os que guardavam as bagagens. Perturbado pelo dúplice ataque, Parmenion envia mensageiros a Alexandre, para informar-lhe que o acompanhamento e as bagagens estariam perdidos se ele não enviasse imediatamente, da frente de batalha, um socorro poderoso às tropas da retaguarda. Alexandre acabava de dar ao corpo por ele comandado o sinal de ataque. "Parmenion não raciocina — disse o rei ao receber esta notícia. — Na verdade, ele perdeu a cabeça, e a surpresa e a emoção fazem-no esquecer que, se vencermos, ficaremos de posse não só da nossa bagagem, mas também das dos inimigos, ao passo que, se formos vencidos, não poderemos mais pensar nas bagagens e nos prisioneiros, mas apenas em morrer com coragem e glória". Mandou essa resposta a Parmenion e cobriu-se com o capacete.

Já vestira, em sua tenda, o resto da armadura, que consistia em um saio de Sicília, amarrado com um cinturão e sobre o qual estava uma dúplice couraça de linho, despojo conquistado em Íssus. O capacete era de ferro, mas brilhava como se fosse da prata mais pura; era um trabalho de Teófilo. A gola, de ferro como o capacete, era ornada de pedras preciosas. Sua espada, de têmpera e leveza admiráveis, era um presente do rei dos citianos: desta arma servia-se habitualmente nas batalhas. Sua cota de armas era uma obra ainda mais preciosa do que o resto da armadura: trabalho de Hélico, o velho, e presente da cidade de Rodes, em homenagem a seu valor; dela Alexandre servia-se nos dias de combate. Enquanto dispunha as tropas, dava ordens ou opiniões e passava revista, não cavalgava Bucéfalo, que devia ser poupado, por estar já velho: servia-se dele só no momento do combate. Apenas o montava, mandava dar o sinal do ataque. Naquele dia, Alexandre falou prolongadamente aos tessálios e aos outros gregos; aumentou sua confiança, quando os viu gritar que os lançasse contra o inimigo. Então, passando seu dardo à mão esquerda, levantou a direita para o céu e rogou aos deuses — conforme relata Calistenes, nos termos seguintes: "Se de fato sou filho de Júpiter, dignai-vos defender os gregos e dar segurança a seus golpes". O adivinho Aristandro, vestido de branco e ornado de uma coroa de ouro, cavalgava a seu lado: fez notar uma águia voando sobre a cabeça de Alexandre na direção justa do inimigo.

Esse agouro encheu de coragem todos os que o viram. Exortamse, animam-se uns aos outros. A cavalaria lança-se contra o inimigo, e a falange desdobra-se na planície, como as vagas de um mar agitado. As fileiras da frente ainda não chegaram a agir, e já os bárbaros estavam em fuga. Foram perseguidos encarniçadamente. Alexandre repeliu os bárbaros até o centro de seu campo de batalha, onde estava Dario, que ele percebera de longe acima das primeiras fileiras, no fundo de seu esquadrão real, reconhecível por sua beleza e alta estatura. Dario estava sobre um carro muito elevado; e uma cavalaria numerosa e brilhante cercava o carro, disposta em boa ordem e prestes a receber como merecia o inimigo. Mas, quando Alexandre apareceu com seu aspecto terrível, derrubando os fugitivos sobre os que ainda resistiam, os cavaleiros de Dario em grande parte debandaram, tomados de pânico. Os mais bravos e os mais apegados ao rei fizeram-se matar diante dele; e, caindo uns sobre os outros, impediram o avanço do inimigo, pois, na queda, agarravam-se aos macedônios e aos pés dos cavalos. Dario via-se ameaçado pelos mais terríveis perigos: seus cavaleiros, enfileirados diante de seu carro, comprimiam-no, impedindo que ele voltasse o carro para se retirar; as rodas não se podiam mover em meio ao grande número de mortos; e os cavalos, embaraçados, quase escondidos pelos montões de cadáveres, assustaram-se e não obedeciam mais ao freio. Conta-se que Dario, abandonando o carro e as armas, montou numa égua que acabara de parir e fugiu.

É verossímil que Dario não teria escapado à perseguição de Alexandre, se, no mesmo instante, não tivessem chegado outros cavaleiros, enviados por Parmenion, para reclamar o auxílio de Alexandre, porquanto grande parte dos inimigos resistiam ainda daquele lado e não pensavam

Porta do Tripilon.
Dario e Xerxes.
Séc. VI-V a.C.
Persépolis.

em ceder. Geralmente censura-se Parmenion por ter mostrado, nessa batalha, lentidão e falta de energia, quer pela velhice que teria enfraquecido sua audácia, quer — como afirma Calistenes — pelo despeito que lhe causavam o poder e o orgulho de Alexandre e pelo ciúme de sua glória. Alexandre, irritado por essa segunda mensagem, que o chamava para o outro lado, mandou tocar a retirada; mas não disse os motivos verdadeiros desta a seus soldados: fingiu que estava farto de carnificina e que a noite o forçava a suspender o combate. Mas, enquanto corria à sua ala esquerda, que acreditava estar em perigo, soube no caminho que os inimigos tinham sido completamente desbaratados e postos em fuga.

Depois dessa grande vitória, não houve mais dúvida de que o império dos persas estivesse destruído sem remédio. Alexandre, proclamado rei da Ásia, ofereceu aos deuses sacrifícios magníficos, e presenteou os amigos com riquezas, casas e governo. Mas, cioso sobretudo de mostrar-se generoso para com os gregos, escreveu-lhes que todas as tiranias ficavam, desde então, abolidas na Grécia, e que os povos afinal podiam governar-se por suas próprias leis. Comunicou aos plateenses, em particular, que faria reconstruir sua cidade, pois seus antepassados haviam cedido seu território aos gregos a fim de combaterem ali pela liberdade comum. Enviou também aos habitantes de Crotona, na Itália, parte dos despojos, e em homenagem ao devotamento e ao valor do atleta Failo, o qual, ao tempo das guerras medas, tendo os italiotas abandonado os gregos, que eles julgavam irremediavelmente perdidos, equipou uma galera à própria custa e foi a Salamina, para participar dos riscos da Grécia. Assim Alexandre favorecia toda espécie de virtude e conservava-se fiel à lembrança das belas ações!

De lá marchou sobre Babilônia, logo inteiramente submetida. Ele admirou especialmente, na província de Ebatana, o abismo de onde jorra continuamente, como de uma nascente inesgotável, um jato de fogo, e a torrente de nafta, que transborda e forma, não longe do abismo, um lago considerável. A nafta se parece com o betume; tem também certa analogia com o fogo, pois, mesmo antes de entrar em contato com a chama, acende-se pela projeção luminosa desta, e abrasa o ar ambiente. Os bárbaros, para fazerem conhecer ao rei a força da nafta e sua natureza,

Alexandre entra vitorioso na Babilônia. Tapeçaria. Museu de Versalhes.

regaram o caminho que conduzia ao paço; depois, colocando-se na extremidade do rastro, aproximaram suas tochas do líquido que haviam espalhado. Era noite fechada. Mal as primeiras gotas pegaram fogo, e a chama, sem intervalo sensível, comunicou-se à outra extremidade com a rapidez do pensamento; e a rua pareceu inflamada em toda sua extensão. Havia um certo Atenofanes, ateniense, que era um dos criados encarregados de servir ao rei no banho e friccionar-lhe o corpo com óleo, e que sabia diverti-lo de suas preocupações. Um dia, achando-se no quarto de banho um rapaz, chamado Estevão, mal feito e de cara ridícula, mas que cantava com voz agradável, disse Atenofanes: "Oh, rei, queres que experimentemos a nafta em Estevão? Se o fogo se acender em seu corpo e não se apagar, confessarei que sua força é admirável e que nada pode ultrapassá-la". O rapaz ofereceu-se, de bom grado, para a experiência. Logo que aquela substância o atingiu, inflamando-se, seu corpo ficou cercado de labaredas. Alexandre ficou aterrorizado, não sabendo como sair do embaraço, e, não fosse a presença de várias pessoas que, por felicidade, tinham à mão vasos cheios d'água para o serviço do banho, o socorro não poderia impedir os funestos efeitos do fogo. Ainda assim, foi muito difícil apagá-lo, pois já tinha tomado conta de todo o corpo de Estevão, o qual padeceu as conseqüências da brincadeira por todo o resto de sua vida.

Não é, portanto, inverossímil o que alguns autores, querendo reconduzir a fábula à realidade, dizem de Medéia, afirmando ter sido a nafta a droga por ela utilizada para esfregar a coroa e o véu famoso das tragédias. Observam eles que o fogo não saiu espontaneamente, mas, no momento em que a chama foi aproximada, comunicou-se por uma espécie de atração, e com rapidez imperceptível ao olhar. Com efeito — observam, ainda — quando os raios do fogo e suas emanações partem de longe, os corpos por eles procurados só recebem luz e calor; mas, quando se protejam sobre corpos que, em estado de grande secura, contêm um ar sutil e uma substância untuosa e abundante, então exercem sua virtude ígnea, e inflamam repentinamente essa matéria, suscetível de sofrer sua ação.

Não se sabe ainda, ao certo, como a nafta se produz: ignora-se se é uma espécie de betume líquido ou um fluido de natureza diferente, que, coando daquele solo naturalmente gordo e permeado de fogo, alimenta a chama. A terra babilônica é tão cheia de fogo que freqüentemente se vêem os grãos de cevada saltar e pular diversas vezes no ar como se o solo, agitado pelas substâncias ígneas que esconde em seu seio, tivesse uma espécie de pulso que trepidasse; e, nos grandes calores, os habitantes são obrigados a deitar sobre odres cheios de água. Afinal, Harpalo, que Alexandre deixou como governador do país, fez questão de embelezar o paço e os passeios públicos, com plantas da Grécia, e conseguiu fazê-las vingar todas, menos a hera, que o solo repelia constantemente, pois fenecia sempre, sem poder aclimatar-se, porque a terra ali queima, e a hera gosta do frio.

Tais digressões, contidas em justos limites, talvez não sejam demais desagradáveis para os leitores severos.

Tornando-se senhor de Susa, Alexandre encontrou no paço quarenta mil talentos de prata em moeda e uma quantidade incomensurável de móveis e coisas preciosas de toda espécie, entre as quais cinco mil talentos de púrpura de Hermion, que ali estava amontoada havia cento e noventa anos e que conservava ainda toda sua frescura e primitivo esplendor. Conta-se que isso se deve ao fato de que a tinta escarlate era feita em Hermion com mel e a tinta branca com óleo branco. Embora tão antiga, essa púrpura ainda existe com toda a sua frescura e vivacidade. Dinon relata que os reis da Pérsia mandavam buscar água no Nilo e no Íster e a depositavam em seu tesouro com as outras riquezas, para mostrar a extensão de seu império e provar que eram os senhores do universo.

A Pérsia é um país muito rude e de difícil acesso, defendido como era pelos mais corajosos entre os seus habitantes; para ali se retirara Dario após a fuga. Alexandre entrou no país dando uma pequena volta, guiado por um homem que falava as duas línguas, pois era filho de pai lício e de mãe persa. Diziam que esse guia lhe fora prognosticado, desde a infância, pela Pítia, que lhe anunciara que um lício o conduziria à Pérsia. Houve ali um massacre horrível de prisioneiros. Alexandre — segundo o que escreveu ele próprio — achou que seu interesse exigia essa medida rigorosa e mandou passar todos os homens a fio de espada.

Na Pérsia, encontrou tanto ouro e prata amoedados quanto em Susa. Fê-los carregar, com todas as outras riquezas, sobre vinte mil burros e cinco mil camelos. Entrando no paço de Persépolis, viu uma grande estátua, de Xerxes, que a multidão, apinhada para o acompanhar, derrubara. Parou então e, dirigindo a palavra à estátua, como se fosse animada perguntou: "Devo passar além, e deixar-te deitado no chão, para te castigar da guerra que moveste aos gregos? Ou levantar-te-ei, por estima de tudo o que havia de grande e generoso em tua alma?". Depois ficou algum tempo pensativo, sem nada dizer; e afinal passou além. Como suas tropas tinham necessidade de se refazer, e era inverno, parou quatro meses em Persépolis. A primeira vez que sentou no trono dos reis da Pérsia, sob um dossel de ouro, Demarato de Corinto, que amava ternamente Alexandre, chorou — dizem — como um bom velho: "De que alegria fostes privados — exclamou ele —, gregos, que perecestes em combate antes de ver Alexandre sen-

Cortejo dos cortesãos. Séc. VI-V a.C. Escadaria do Palácio de Persépolis.

tado no trono de Dario!".

Dispondo-se Alexandre a marchar ainda contra Dario, ofereceu a seus amigos um grande festim, no qual se deixou levar à embriaguez e a uma grande alegria; mesmo as mulheres vieram beber e regozijar-se com seus amantes. A mais célebre dessas mulheres era a cortesã Taís, natural da Ática, e então amante de Ptolomeu, aquele que depois foi rei do Egito. Depois de louvar polidamente Alexandre, e mesmo se permitindo alguns gracejos, ela chegou, no calor do vinho, a ponto de fazer-lhe um discurso que não estava de acordo com o espírito de sua pátria, mas bastante acima de sua condição. "Eu me sinto recompensada — disse — das provações padecidas vagando pela Ásia, pois tenho a satisfação de insultar hoje o orgulho dos reis da Pérsia. Mas, quanto minha alegria seria maior, se fosse concedido, para completar nossa festa, queimar a casa desse Xerxes que incendiou Atenas, e atear eu mesma o fogo, aqui, na presença do rei! Diriam, então, pelo mundo, que as mulheres do acampamento de Alexandre vingaram melhor a Grécia dos males que lhe fizeram padecer os persas do que todos os generais que por elas combateram na terra e no mar". Esse discurso foi acolhido com palmas e gritos de aprovação. O próprio rei, arrastado por essa sugestão e pelas incitações dos amigos, levanta-se da mesa, a coroa de flores na cabeça e uma tocha na mão, e avança, seguido por todos os convivas, que, dançando e levantando altos gritos, vão cercar o paço. Os outros macedônios, informados do que se passava, acorriam com tochas, cheios de alegria, com a esperança de que Alexandre pensasse em regressar à Macedônia e não quisesse mais permanecer entre os bárbaros, visto que ele próprio incendiava e destruía o palácio real. Eis — segundo alguns — como se deu o incêndio. Segundo outros, Alexandre ateou fogo ao paço premeditadamente; todos, porém, reconheceram que logo se arrependeu e deu ordem para extingui-lo.

A liberalidade natural de Alexandre aumentava ainda mais, à

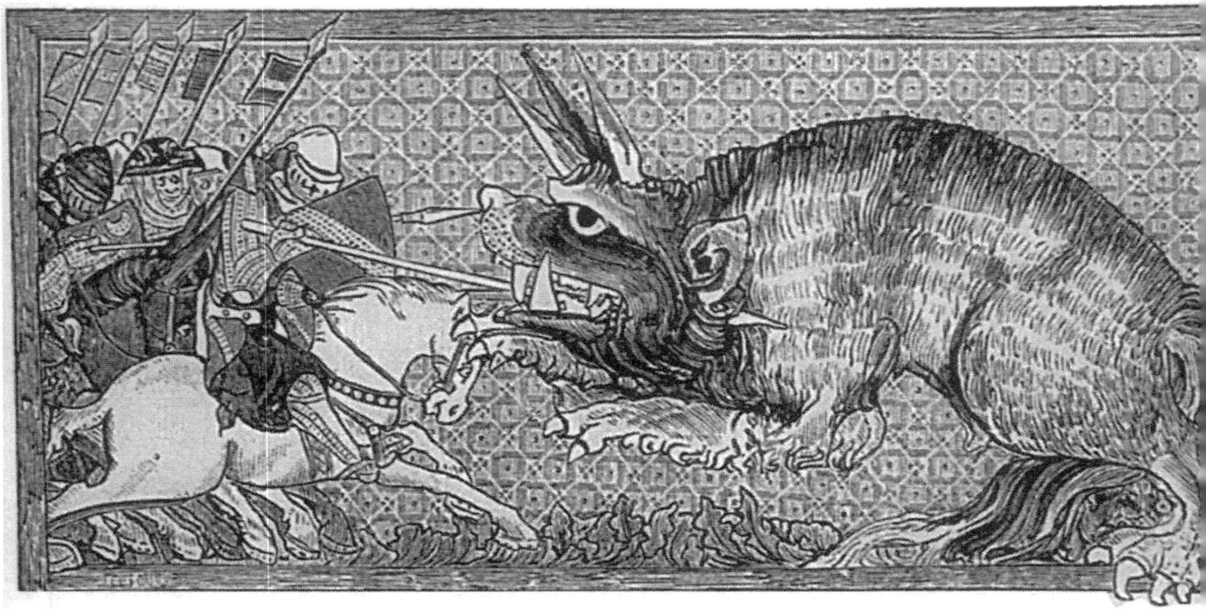

Alexandre, o Grande, combatendo um mostro de três cornos. Manuscrito do séc. XIII.

medida que cresciam seu poder e riquezas; acompanhava seus presentes com testemunhos de benevolência que bastavam para dar valor ao benefício. Relatarei alguns exemplos. Ariston, que comandava os peônios, tendo matado um inimigo, traz sua cabeça ao pé do rei, dizendo-lhe: "Ó rei, entre nós costuma-se retribuir este presente com uma taça de ouro". Alexandre respondeu: "Sim, com uma taça vazia; eu, porém, dou-a cheia de vinho e bebo à tua saúde". Um soldado macedônio conduzia um burro carregado de ouro do rei; a certo ponto, o animal estava tão fatigado que não podia mais suster-se; o soldado tomou a carga sobre as costas. Alexandre, que o viu dobrar-se sob o peso e prestes a deixar cair o fardo, inteirado do que ele fizera, disse: "Meu amigo não te fatigues mais do que for preciso; faze somente o resto do caminho, para levar este dinheiro à tua casa, pois eu te presenteio com ele". Em geral, ele se aborrecia mais com os que não aceitavam os presentes do que com os que lhos pediam. Escreveu a Focion que não o consideraria mais como amigo, se continuasse a recusar seus benefícios. Serapião, um dos moços que jogavam com ele a péla, nunca lhe pedia coisa alguma, e Alexandre nunca se lembrou de dar-lhe. Um dia em que jogavam, Serapião atirava sempre a bola aos outros jogadores. "E então, não ma dás?" — perguntou o rei. "Não ma pediste" — respondeu Serapião. Alexandre riu-se, e lhe fez depois muitos presentes. Certo Protéias, homem agradável, e que, à mesa, divertia o rei com suas pilhérias, certa vez encolerizou-o. Os cortesãos solicitavam o perdão de Protéias; e este mesmo pedia-o em lágrimas. Alexandre disse que tornava a conceder-lhe suas boas graças. "Oh, rei — disse então Protéias —, dá-me desde já um sinal". Alexandre mandou dar-lhe cinco talentos.

Alexandre acolhe as mulheres da família de Dario. Veronese.

Coroação de Alexandre, rei da Macedônia. Miniatura do séc. XV. Museu do Louvre, Paris.

Pode-se avaliar a que excesso Alexandre levava sua liberalidade com os amigos e os guardas, por uma carta que Olimpíada lhe escreveu a esse respeito: "Eu aprovo muito — lhe dizia ela — que tu faças benefícios a teus amigos; estas liberalidades te honram; mas, pondo teus amigos em pé de igualdade com os reis, tu lhes dás o meio de se rodearem de uma multidão de partidários ao passo que tu os perderás". Como Olimpíada freqüentemente insistisse sobre o assunto, Alexandre não comunicava mais a ninguém as suas cartas. Uma só vez, em que acabava de abrir uma, aproximando-se Hefestion, leu-a com ele, como fazia com as outras; Alexandre deixou-o ler, mas tirou do dedo seu anel, e pôs o sinete na boca de Hefestion. Mazeus, que fora um dos mais poderosos favoritos de Dario, tinha um filho possuidor de uma satrapia. Alexandre deu-lhe outra, ainda maior do que a primeira; o moço recusou-a, dizendo: "Oh, rei! Antes, havia só um Dario; e agora fizeste vários Alexandres". Presenteou Parmenion com a casa de Bagoas, na qual haviam — dizem — alfaias de Susa no valor de mil talentos. Escreveu a Antipáter que tomasse cuidado, porque se tramava uma conspiração contra sua vida. Cumulou sua mãe de presentes; mas nunca admitiu que se imiscuísse em seus negócios ou que se preocupasse com o governo. Quando ela se queixava, suportava o seu mau humor com doçura. Um dia, tendo Antipáter escrito uma longa carta contra Olimpíada, ele disse, depois de tê-la lido: "Antipáter não sabe que dez mil letras se apagam com uma lágrima de mãe".

Seus cortesãos, abandonando-se a um luxo excessivo, levavam uma vida voluptuosa e efeminada. Hagnon de Teus levava pregos de prata nos chinelos; Leonato fazia vir, carregado por vários camelos, pó do Egito, para usar em seus exercícios; Filotas usava para a caça telas que abrangiam um espaço de cem estádios. Eles se serviam, para os banhos e para as termas, de essências preciosas e quase nunca de óleo; levavam consigo banhistas e criados de quarto para arrumar suas camas.

Alexandre admoestava-os suavemente por suas loucuras, demonstrando grande sabedoria. "Admiro-me — dizia-lhes — de que vós, que participastes de tantos e tão grandes combates, vos esqueçais de que os que estão fatigados dormem um sono mais suave do que os que vivem na indolência. Não vedes, comparando vosso gênero de vida com o dos persas, que nada há de mais servil do que o luxo e a moleza, e nada de mais nobre do que o trabalho? Aliás, como poderá sujeitar-se a tratar do seu cavalo, a lustrar sua lança e seu capacete aquele que tiver perdido o hábito de empregar as mãos no cuidado de seu próprio corpo, que lhe interessa tão de perto? Não sabeis — dizia-lhes ainda — que o meio de tornar duradoura a vitória é não imitar os vencidos?". Desde então, entregou-se com maior paixão do que nunca aos exercícios da guerra e da caça, expondo-se, sem se poupar, aos maiores riscos. Uma vez, um enviado da Lacedemônia viu-o derrubar um leão enorme: "Alexandre — disse-lhe —, tu disputaste gloriosamente ao leão a realeza". Cratera consagrou no templo de Delfos, com um monumento, a lembrança dessa caçada: formavam-no estátuas de bronze, representando o leão e os cães, Alexandre que derrubava o leão, e ele próprio que ia em socorro do rei. As figuras de Alexandre e de Cratera foram esculpidas por Lisipo, as dos animais por Leocares.

Destarte Alexandre arrostava o perigo, para exercitar-se em valor e ser exemplo para outros. Mas seus amigos, amolecidos pelo fausto e pelas riquezas, não desejavam senão repouso e prazeres; não podiam mais suportar o cansaço das viagens e das expedições militares; chegaram ao ponto de murmurar contra Alexandre e falar mal dele. Alexandre, a princípio, aturou essas queixas com grande doçura. "É próprio dos reis — dizia — fazer o bem e ouvir dizer mal de si". Continuava, entretanto, fazendo resplandecer, até nos mínimos benefícios, sua afeição e estima pelos amigos. Eis aqui alguns exemplos. Escreveu a Peucestas, que se queixava de ter sido mordido por um urso e de que, tendo comunicado a seus amigos esse acidente, estes nada haviam mandado dizer-lhe. "Agora — acrescentava —, pelo menos me farás saber como estás de saúde e se algum dos que caçavam contigo te abandonou no perigo, para que eu o castigue". Escreveu uma vez também a Efestion, estando este ausente por negócios: "Nós nos divertimos, eu e meus amigos, com a caça. Cratera teve as duas coxas traspassadas pelo dardo de Pérdicas". Tendo Peucestas se curado duma doença, Alexandre escreveu ao médico Alexipo para agradecer-lhe. Durante uma doença de Cratera, o rei teve em sonho uma visão, devido à qual fez sacrifícios pela cura e ordenou-lhe que os fizesse também de sua parte. Escreveu ao mesmo tempo ao médico Pausânias, que queria purgar o doente com heléboro, para lhe manifestar sua inquietação e lhe recomendar que tivesse cuidado com o remédio que queria dar-lhe. Mandou prender Efialto e Cisso, que foram os primeiros a informá-lo da fuga de Harpalos, persuadido de que eles caluniavam aquela personagem. Foi também compilada, por sua ordem, uma lista de velhos e de enfermos que deviam ser aposentados; Eurīloco de Eges fizera-se inscrever na lista dos inválidos; mas, depois, como se descobrisse que não sofria de enfermidade alguma, confessou estar apaixonado por Telesipa, que ia partir, e desejava acompanhá-la até ao mar. "E de que condição é esta mulher?" — perguntou Alexandre. Eurīloco respondeu que era uma cortesã, mas mulher livre. "Eurīloco — disse então Alexandre — eu desejo bastante favorecer teu amor; mas, uma vez que Telesipa é de condição livre, procura um meio de podermos, com presentes ou por persuasão, induzi-la a ficar".

Não se pode deixar de admirar Alexandre, vendo-o levar até aos menores detalhes suas atenções com os amigos. Certa ocasião, mandou fazer as mais severas investigações para a procura dum escravo de Seleuco, fugido na Cilícia; elogiou Peucestas por ter feito prender Nicon, um dos escravos de Cratera; escreveu a Megabizo recomendando-lhe fazer o possível para prender um escravo refugiado num templo, compelindo-o, se possível, a sair do seu asilo, mas não pondo mão nele enquanto ali estivesse. No princípio de seu reinado, quando julgava crimes, conta-se que tapava com a mão um dos ouvidos durante a acusação, a fim de o conservar isento de toda a prevenção para escutar o culpado. Mas sua índole tornou-se áspera com o tempo, devido ao grande número de acusações que lhe eram levadas: eram tantas as verdadeiras que acabou por julgar o mesmo das falsas. O que o enfurecia e o tornava áspero e inexorável era saber que alguém falara mal dele; pois sua reputação era-lhe mais cara do que a vida e o próprio império.

Enquanto se entregava à perseguição de Dario, preparava-se para novos combates; mas, informado de que Besso se apoderara da pessoa do rei, reenviou os tessálios para seu país, dando-lhes, além do soldo, uma gratificação de dois mil talentos. A perseguição foi longa e penosa: Alexandre percorreu a cavalo, em onze dias, três mil e trezentos estádios. O cansaço e sobretudo a falta de água haviam esgotado quase todos os seus companheiros. Um dia, encontrou alguns macedônios que chegavam da margem do rio, carregando água em odres sobre burros. Como vissem Alexandre cruelmente atormentado pela sede, encheram de água um capacete e lho ofereceram. Alexandre perguntou-lhes a quem levavam a água. "A nossos filhos — responderam —; mas, se tu viveres, nós teremos muitos outros, mesmo perdendo estes". No entanto, tomara o capacete; mas, levantando os olhos e vendo em torno todos os seus cavaleiros, com a cabeça pendida para frente, os olhos fixos no líquido, devolveu o capacete, sem provar a água, e agradeceu aos que lha haviam oferecido. "Se eu beber sozinho — disse — esta gente perderá a coragem". Os cavaleiros, admirando sua temperança e grandeza de alma, gritaram para que os conduzisse para toda a parte onde quisesse; e chicotearam seus cavalos. Para eles não havia mais cansaço nem sede, nem se julgavam mais mortais, enquanto tivessem como chefe tal rei.

Havia em todos o mesmo desejo de segui-lo; mas só sessenta — dizem — chegaram com ele ao acampamento inimigo. Ali, eles passam por cima de montões de ouro e prata espalhados no chão, penetram por entre as carruagens cheias de mulheres e crianças, sem cocheiros, e correm a toda brida para os esquadrões mais avançados, onde pensam encontrar Dario. Descobriram-no, afinal, deitado em seu carro, com o corpo esburacado de dardos, quase expirando. Nesse estado, Dario pediu que lhe dessem de beber; e, depois de beber água fresca, disse a Polistrato que lha oferecia: "Meu amigo, para mim é o cúmulo da desgraça ter recebido um benefício sem poder retribuí-lo. Mas Alexandre dar-te-á a recompensa; e os deuses recompensarão Alexandre pela generosidade com que tratou minha mãe, minha mulher e minhas filhas. Aperta por mim a mão dele, como sinal de minha gratidão". Acabando essas palavras, tomou a mão de Polistrato e morreu. Alexandre chegou naquele momento e manifestou viva dor. Despiu seu manto e envolveu com ele o cadáver. Em seguida, tendo-se apoderado de Besso, castigou-o com a pena de morte. Fez vergar com grande esforço duas árvores que estavam direitas uma ao lado da outra; a cada árvore mandou atar uma parte do corpo de Besso e deixar, depois, que ambas voltassem à posição natural; endireitaram-se com violência, levando cada uma os membros que lhe estavam amparados. Alexandre mandou depois embalsamar o corpo de Dario com toda a magnificência que lhe era devida por sua alta posição e enviou-o à sua mãe; depois, acolheu Exatres, irmão de Dario, no número de seus amigos.

Alexandre desceu à Hircânia, com o melhor de seu exército. Ali viu um mar que parecia tão grande como o Ponto Euxino (24), mas cuja água era mais doce do que a dos outros mares. Não

Alexandre, o Grande. Das Buch de geechicht des grossen Alexanders. Estrasburgo, 1488.

pôde conseguir, sobre a natureza desse mar, informação alguma certa; pensou tão-somente tratar-se de um lago, formado pelo escoamento do Pântano Meotide. Entretanto, os físicos conheceram a verdade a respeito; muitos anos antes da expedição de Alexandre, relataram eles que esse mar, chamado Hircano ou Cáspio, é o mais setentrional dos quatro golfos que formam o mar exterior ao penetrar nas terras. Foi ali que alguns bárbaros, tendo encontrado os homens que conduziam seu cavalo Bucéfalo, roubaram-no. Essa perda afligiu vivamente o rei. Ele mandou imediatamente um arauto para ameaçá-los, se não devolvessem seu cavalo, de passá-los todos a fio de espada, com suas mulheres e filhos. Os bárbaros restituíram-no e puseram suas cidades à sua discrição. Alexandre tratou-os com humanidade e pagou o resgate do cavalo aos que o haviam roubado.

Da Hircânia passou à Pátria, e, como ali se encontrasse em descanso, pela primeira vez vestiu-se à moda dos bárbaros, talvez por acreditar que, conformando-se às leis e aos costumes do país, poderia com mais facilidade dominar os habitantes, ou talvez porque procurasse experimentar os macedônios no tocante ao uso da adoração, que ele queria introduzir entre eles, acostumando-os aos poucos a mudar seus costumes nacionais, adotando os dos vencidos. Contudo, não se vestiu inteiramente como os medas, cuja roupagem era estranha e bárbara demais; não adotou nem as largas calças, nem o vestido comprido, nem a tiara; e sim um costume que intermeava entre o dos persas e o dos medas, menos luxuoso do que o destes últimos, mas mais majestoso do que o daqueles. No começo, só se vestia assim quando falava aos bárbaros ou quando estava na intimidade com os amigos mais familiares. Vestiu tal costume depois saindo em público, ou em casa quando concedia audiências. Esse espetáculo afligia muito os macedônios, mas a admiração de que estavam possuídos pelas suas outras virtudes assegurava a benevolência deles para com esse homem, mesmo no que ele fazia por simples capricho ou vaidade; para com esse homem já coberto de cicatrizes (fora ferido havia pouco por uma flecha na perna), para com esse homem que, em outra ocasião, levara uma pedrada no pescoço, ficando com a vista ofuscada, e que, não obstante tudo, continuava a expor-se a todos os perigos. Ainda recentemente, atravessara o rio Orexartes, que ele tomara pelo Tanais. Pusera em fuga os citas, perseguindo-os por cem estádios, embora fosse incomodado pela disenteria. Foi lá que a rainha das amazonas o procurou, a dar crédito à maior parte dos historiadores, entre os quais Clitarco, Policrito, Antigenes, Onesicrites e Ister, en-

Amazonamaquia (detalhe). Cerca de 350 a.C. Friso do Mausoléu de Halicarnasso. British Museum, Londres.

quanto Aristóbulo, Charés, introdutor do quarto, Ptolomeu, Anticlides, Filão o Tebano, Filipe de Teangela, Hecatea de Eretria, Filipe o Calcidio e Dures de Samos asseguram que aquela visita é pura fábula. O próprio Alexandre parece autorizar o desmentido destes últimos, com uma de suas cartas a Antipáter, na qual narra com exatidão de pormenores o que acontecera naquela expedição. Diz ele que o rei cita lhe ofereceu a filha como esposa; mas nada diz a respeito de amazonas. Acrescenta-se que, vários anos depois, Onesicrites, lendo a Lisímaco, que era já rei, seu quarto livro, no qual conta a visita da amazona, Lisímaco lhe disse sorrindo: "E eu, onde estava então?". Aliás, acredite-se ou não nesse fato, em nada poderá ganhar ou perder a admiração por Alexandre.

Pelo temor de que os macedônios se rebelassem e não quisessem mais segui-lo no resto de sua expedição, deixou aquartelada a maior parte das tropas, e mandou para a frente, pela Hircânia, a parte melhor do exército, constituída de vinte mil homens a pé e três mil a cavalo. "Até agora — disse — os bárbaros nos viram apenas em sonho. Se nos contentarmos com ter alarmado a Ásia e regressarmos à Macedônia, eles cairão sobre nós como sobre mulheres. Entretanto — acrescentou —, consinto que se retirem todos os que o desejarem; mas chamarei contra eles o testemunho dos deuses, por me haverem abandonado, a mim, aos meus amigos e aos que quiseram partilhar minha fortuna, num momento em que eu podia submeter a terra inteira aos macedônios". São estes aproximadamente os termos de que se serve numa carta a Antipáter. E acrescenta que, ao terminar seu discurso, todos os soldados gritaram que Alexandre podia conduzi-los para qualquer lugar do mundo habitado.

Conseguindo esse resultado com os primeiros, não foi difícil arrastar a multidão, que sem relutância lhes seguiu o exemplo. Então Alexandre aproximou-se ainda mais dos costumes dos bárbaros, que ele também se esforçou em modificar mediante a introdução de hábitos macedônios, com a idéia de que essa mistura e essa comunicação recíproca de costumes dos dois povos, cimentando sua mútua benevolência, contribuiriam mais do que a força para solidificar seu poder, quando se afastasse dos bárbaros. Por isso, escolheu entre eles trinta mil crianças e mandou que lhes ensinassem o grego e as instruíssem nos exercícios militares macedônios. Encarregou vários professores de dirigir a sua educação. Quanto ao casamento com Roxana, só o amor foi seu móvel. Conheceu-a em um festim, em casa de Cortano, e apaixonou-se por sua beleza e seus encantos. Essa ligação pareceu bastante conveniente ao estado presente dos negócios: inspirou aos bárbaros muito maior confiança em Alexandre; passaram a estimá-lo, vendo-o seguir tão rigorosa continência que só se aproximou da única mulher pela qual se apaixonara em virtude de legítimo casamento.

Hefestion e Cratera eram os dois melhores amigos de Alexandre: o primeiro o apoiava em tudo, adotando as novas maneiras por ele introduzidas; o outro, porém, continuava apegado aos costumes de seu país. Alexandre servia-se de Hefestion para fazer conhecer suas vontades aos bárbaros, e de Cratera para tratar com os gregos e os macedônios. Em suma, tinha mais amizade ao primeiro e mais estima ao segundo, convencido — como freqüentemente dizia estar — de que Hefestion amava Alexandre, e Cratera amava o rei. Hefestion e Cratera estavam animados um contra o

Alexandre entre as árvores do Sol e Lua na Índia. Miniatura do *Livro das Maravilhas*, séc. XIV.

outro por um ciúme secreto, que às vezes degenerava em alterações violentas. Um dia, na Índia, chegaram a desembainhar as espadas, e os amigos respectivos já estavam prontos a sustentá-los; mas Alexandre acudiu, censurando publicamente Hefestion, chamando-o de imprudente e desajuizado, e dizendo que ele não compreendia que nada seria se não houvesse Alexandre. Fez também censuras amargas a Cratera, mas em particular. Em seguida, depois de os reconciliar, jurou na presença deles, por Júpiter Amon e pelos outros deuses, que, apesar de serem ambos os homens que ele mais estimava, se chegasse a saber de alguma nova contenda entre eles, mataria a ambos, ou pelo menos mataria o que tivesse iniciado a contenda. Afirma-se que, depois dessa ameaça, eles nada mais disseram nem fizeram um contra o outro nem por brincadeira.

Filotas, filho de Parmenion, gozava entre os macedônios de grande consideração, devido à sua coragem e à sua paciência nos trabalhos; ninguém, excetuando apenas Alexandre, era mais liberal e mais ternamente apegado aos amigos do que ele. Certa vez, um amigo pediu-lhe dinheiro, e ele mandou que lho dessem; mas, como seu intendente respondesse que não tinha, exclamou Filotas: "Como assim? Então não tens baixela de prata ou outra alfaia?". Cheio de fausto e de ambição, Filotas gastava, com a roupa e a equipagem, mais do que convinha a um particular. Em todo o seu comportamento, afetava uma grandeza e magnificência superiores ao seu estado, sem medida nem elegância, de maneira desproporcionada e ridícula. Suscitava assim a inveja e a suspeita. Seu pai Parmenion costumava dizer-lhe: "Meu filho, deves ser mais modesto". Havia tempo que se falava contra ele a Alexandre. Quando, depois da derrota de Dario na Cilícia, os macedônios se apoderam dos tesouros que haviam encontrado em Damasco, entre os prisioneiros feitos no acampamento, foi notada pela sua beleza uma moça de Pidna, chamada Antígona; na divisão das presas, ela coube a Filotas. Jovem enamorado, Filotas embriagava-se e abandonava-se a discursos vaidosos e a jactâncias militares: atribuía a si próprio e a seu pai os mais belos feitos de toda aquela guerra; chamava Alexandre de rapaz e dizia que ele lhe devia o título de rei. Essa mulher repetiu essas palavras a um de seus amigos, este a um outro, como sempre, até que tais vozes chegaram aos ouvidos de Cratera, que um dia, secretamente, levou a mulher à presença de Alexandre.

Tendo sabido de tudo por ela própria, o rei ordenou a Antígona que continuasse suas relações com Filotas, para lhe contar depois tudo o que ouvisse. Filotas, ignorando a cilada, continuava vivendo com Antígona na mesma intimidade e, por ressentimento ou vaidade, falava com ela da maneira mais imprudente a respeito do rei. Embora já tivesse provas cabais contra Filotas, Alexandre esperou pacientemente em silêncio, quer pela confiança que nutria na afeição de Parmenion, quer pelo temor que lhe inspiravam a reputação e a potência do pai e do filho.

Nessa ocasião, um macedônio chamado Lino, de Chalastra, organizou contra Alexandre uma conspiração, na qual queria atrair um moço, chamado Nicômaco, de quem gostava muito. O moço recusou-se e revelou a conspiração a seu irmão Cebalino, que imediatamente foi ter com Filotas e pediu-lhe que os levasse à presença de Alexandre, afirmando que deviam comunicar-lhe coisas importantes, das quais era preciso que Alexandre fosse inteirado sem demora. Filotas — não sei por que motivo, pois a esse respeito nada existe de certo — recusou-se a acompanhá-los, sob o pretexto de que o rei estava ocupado com negócios de maior importância. Uma segunda recusa fez com que passassem a suspeitar de Filotas; dirigiram-se então a outra pessoa, que os levou à presença de Alexandre. Os dois irmãos revelaram ao rei a conspiração de Lino; em seguida, como que de passagem, fizeram referência ao descaso de Filotas, que por duas vezes recusara-se a atendê-los. Alexandre ficou muito irritado por esse comportamento; mas, quando lhe informaram que Lino tinha sido morto pelo oficial encarregado da prisão, por se ter revoltado, ficou ainda mais perturbado, pensando que essa morte lhe subtraía as provas da conspiração. Seu ressentimento contra Filotas encorajou os que, havia muito, odiavam aquela personagem: começaram a dizer abertamente que, da parte do rei, era um estranho desleixo crer que Lino, um miserável chalastreano, tivesse iniciado sozinho uma façanha tão audaciosa; que Lino não era senão o executor, ou melhor, o instrumento passivo de mão poderosa; e que, para descobrir a origem da conspiração, era preciso procurar os que maior interesse tinham em mantê-la secreta.

Quando viram que Alexandre prestava ouvidos às suspeitas que lhe queriam inspirar, acumularam as acusações contra Filotas. Afinal, este foi preso e torturado na presença dos amigos do rei. O próprio Alexandre estava escondido por trás de uma cortina, de onde tudo podia escutar; e enquanto Filotas dirigia a Hefestion as súplicas mais covar-

Batalha de Alexandre. Miniatura do séc. XV.

des e implorava piedade: "Como — disse Alexandre —, efeminado e covarde como és, pudeste então, oh Filotas, conceber um plano tão audacioso?". Ordenada a morte de Filotas, logo Alexandre enviou pessoas a Meda, para matar Parmenion. Esse general havia tido uma parte importante nas empresas de Filipe; sozinho, ou pelo menos mais do que todos os antigos amigos do rei, incitara Alexandre a entrar na Ásia; dos três filhos que tinha, dois foram mortos perante seus olhos em combate, e ele morreu afinal com o terceiro. Essas cruéis execuções tornaram Alexandre temido pela maior parte de seus amigos; atemorizou sobretudo a Antipáter, que enviou mensageiros secretos à cidade dos hetólios, para aliar-se com eles. Os hetólios temiam Alexandre, porque o rei, quando soube que eles haviam devastado a cidade dos heniados, disse que não os filhos dos heniados e sim ele próprio puniria os hetólios.

Pouco tempo depois, verificou-se o assassínio de Clito, fato que, à primeira vista, pode parecer mais bárbaro do que a morte de Filotas, mas que, considerado em sua causa e em suas circunstâncias, tem pelo menos a atenuante de não ter sido precedido de premeditação: a cólera e a embriaguez do rei deram causa ao infeliz destino de Clito. Eis como se deu esse fato. Alguns habitantes das províncias marítimas enviaram ao rei frutas da Grécia. Admirado por sua frescura e beleza, Alexandre mandou chamar Clito para lhe mostrar as frutas e dar-lhe sua parte. Clito, naquele momento, estava fazendo um sacrifício, mas o suspendeu logo, para se pôr às ordens do rei. Três dos carneiros, sobre os quais já tinham sido feitas as efusões sagradas (25), escaparam. Quando Alexandre soube dessa circunstância, consultou os adivinhos Aristandro e Cleomante, o lacedemônio, que declararam que se tratava de um péssimo sinal. O rei mandou logo fazer sacrifícios pela vida de Clito, tanto mais quanto ele próprio, três dias antes, no sono, tivera uma visão estranha a seu respeito. Parecera-lhe ver Clito, vestido com uma roupa preta, sentado no meio dos filhos de Parmenion, todos já mortos. Seja como for, Clito não esperou o fim do seu sacrifício: foi imediatamente cear com o rei, que naquele dia sacrificara aos dioscuros. Já se bebera excessivamente, quando foram cantados versos de certo Prânico, ou — segundo outros — de Pierion, nos quais os generais macedônios, que havia pouco tinham sido derrotados pelos bárbaros, eram cobertos de vergonha e ridículo. Os mais idosos entre os convivas, indignados com o insulto, censuraram igualmente o poeta e o cantor dos versos; mas Alexandre e seus favoritos, gostando de escutá-los, ordenaram ao músico que continuasse. Clito, já esquentado pelo vinho e sendo de índole áspera e altiva, deixou-se dominar pela cólera. "É indigno — gritou — na presença de bárbaros, e especialmente de bárbaros inimigos, esses ultrajes para macedônios que foram malsucedidos, mas que têm muito mais valor do que os que os insultam". Tendo Alexandre dito que ele defendia a sua própria causa, chamando de insucesso o que era covardia, Clito levantou-se bruscamente e replicou: "Foi, contudo, essa covardia que te salvou a vida, quando, embora filho dos deuses, já havias virado as costas à espada de Spitridates. Foi o sangue dos macedônios, foram as suas feridas que te fizeram grande ao ponto de, repudiando Filipe, quereres, com toda a sua alma, Amon como pai". Fortemente pungido por essa censura, gritou Alexandre: "Celerado! Estás empregando as palavras com as quais procuras todos os dias excitar os macedônios à revolta contra mim?". Clito respondeu: "Com efeito, Alexandre, podemos considerar-nos pagos em recebermos essa recompensa por nossos serviços? Como invejamos a felicidade dos que morreram antes de ver os macedônios flagelados pelas vergas dos medos, e obrigados, para serem recebidos por seu rei, a implorar a proteção dos persas!".

A essas palavras desprecavidas, Alexandre levanta-se de seu lugar, com a injúria na boca. Os mais idosos esforçam-se para apaziguar o tumulto. O rei, então, virando-se para Genódoco de Cárdia e Artêmio de Colofônia, exclama: "Não vos parece que os gregos estão, entre os macedônios, como se fossem semideuses na presença de animais selvagens?". Em lugar de ceder, Clito exclama que Alexandre só pode falar alto: "A não ser isso — acrescenta — não convide à sua mesa homens livres e cheios de franqueza e fique entre bárbaros e escravos, prontos a adorar sua cintura persa e seu traje branco". Não podendo mais dominar a cólera, Alexandre atira-lhe à cabeça uma das maçãs que estão na mesa, e procura sua espada; mas Aristófanes, um de seus guardas do corpo, já tivera a precaução de escondê-la. Todos os outros convivas cercam Alexandre e lhe suplicam que se acalme. Mas ele se desvencilha de suas mãos. Chama seus escudeiros com voz forte, em dialeto macedônio, sinal de grande paixão; e dá ao corneteiro ordem de alarma. Este demora e, tendo afinal recusado obedecer, o rei dá-lhe um soco no rosto. O homem adquiriu posteriormente grande estima, por ter impedido, só ele, que o acampamento se levantasse em alarma. Clito, no entanto, continuou em toda a plenitude de sua altivez. Seus amigos obrigaram-no, embora a muito custo, a sair da sala; mas ele voltou sem demora por outra porta, pronunciando, com audácia não menor do que a irreverência, o seguinte verso da *Andrômaca*, de Eurípides:

"OH GRANDES DEUSES! QUE MAU COSTUME NA GRÉCIA SE INTRODUZ!".

Alexandre desarma, então, um de seus guardas; e, vendo Clito passar perto dele abrindo o reposteiro, atravessa-lhe o corpo com um dardo. Clito solta um profundo suspiro, que parece um mugido, e tomba morto aos pés do rei.

Eurípides

Alexandre cai em si; e, enquanto seus amigos permanecem num triste silêncio, arranca o dardo do corpo de Clito e quer com ele ferir-se na garganta; seus guardas, porém, detêm-lhe a mão, e levam-no à força para seu quarto. Ali passou toda a noite e o dia seguinte em lágrimas; e, quando não teve mais forças para gritar e lamentar-se, ficou deitado no chão sem mais dizer uma palavra, soltando profundos suspiros. Seus amigos, que temiam as conseqüências desse silêncio obstinado, forçaram a porta e entraram no quarto. Alexandre nem percebeu o que eles diziam. O adivinho Aristandro lembrou-lhe, porém, a visão que tivera a respeito de Clito e o prodígio ao qual assistira, como provas de que, no que sucedera, era preciso reconhecer a execução dos decretos do destino. Isso pareceu confortá-lo um pouco. Fizeram entrar então Calistenes, o Filósofo, parente de Aristóteles, e Anaxarco, o Abderita. Calistenes tratou de acalmá-lo com doçura, apelando para os princípios da moral, com rodeios insinuantes e com cuidado para não exasperar sua dor. Mas Anaxarco, que traçara, desde seu ingresso na filosofia, novo caminho, e tinha fama de desdenhar e desprezar todos os outros filósofos, logo que entrou no quarto do rei, com entonação muito elevada, disse: "Ei-lo, então, este Alexandre, sobre o qual se fixam os olhares do mundo! Ei-lo estendido no chão como um escravo, desfazendo-se em lágrimas, com medo das leis e do julgamento dos homens, ele que para todos deveria ser a lei personificada e a justiça! Para que venceu? Para mandar, para reinar como senhor, ou para se deixar dominar por uma vã opinião? Não

Alexandre, o Grande, lutando com homens com cabeças de animais. Manuscrito do séc. XIII.

sabes — acrescentou — que a Justiça e Têmis estão sentadas ao lado de Júpiter? E que todos os atos de um príncipe são justos e legítimos?". Com essas palavras e outras semelhantes, Anaxarco aliviou a dor do rei; tornou-o, porém, mais vaidoso e mais injusto. Aliás, Anaxarco conseguiu insinuar-se no coração dele e afastá-lo das palestras com Calistenes, cuja austeridade já pouco atraía Alexandre.

Um dia, à mesa, a conversa caiu sobre as estações e a temperatura. Calistenes achava, como muitos outros, que ali o clima era mais frio do que na Grécia e que os invernos eram mais rigorosos. Anaxarco sustentava obstinadamente o contrário. "Não poderias discordar — disse Calistenes — de que nos achamos num clima mais frio, pois na Grécia passavas o inverno coberto com um simples manto, ao passo que estás agasalhado, à mesa, com três tapetes espessos". Anaxarco sentiu-se vivamente atingido por essa observação. Note-se que os outros sofistas e os bajuladores de Alexandre mortificavam-se ao ver Calistenes procurado pelos moços devido à sua eloqüência, enquanto também os velhos gostavam dele pelo seu comportamento regulado, austero e modesto; isso estava de acordo com o motivo de sua viagem à Ásia; diziam, com efeito, que ele fora ali procurar Alexandre apenas com o intuito de obter a revogação do exílio para seus compatriotas desterrados e a reconstrução de sua cidade natal! Embora sua reputação fosse a causa principal da inveja de que era objeto, Calistenes deu por vez motivo para as calúnias de seus inimigos. Recusava freqüentemente os convites do rei; e, quando ia aos festins, seu silêncio e sua austeridade eram provas de que não aprovava o que ali se passava, não podendo aquilo dar-lhe prazer. Alexandre dizia também, falando nele:

"Detesto o filósofo que não é sábio para si mesmo" (26).

Um dia, quando Calistenes ceava com Alexandre e com grande número de convivas, foi convidado a fazer, num brinde, o elogio dos macedônios. Calistenes desenvolveu o tema com tamanha eloqüência que todos os presentes, de pé, bateram palmas à porfia, atirando-lhe suas coroas. Então Alexandre assim falou: "Diz Eurípides que, quando o tema dos discursos for constituído por 'assunto magnífico, não será de admirar magnífica eloqüência'. Mostra-nos, porém, o poder de tua eloqüência, censurando os macedônios, para que, instruídos sobre seus defeitos, possam tornar-se melhores". Então Calistenes, cantando a palinódia, falou com toda a franqueza sobre o comportamento dos macedônios. Mostrou que as divisões entre os gregos haviam sido a única causa do engrandecimento e do poder de Filipe, e acabou citando este verso:

"NA SEDIÇÃO, ALTAS HONRAS PODE ALCANÇAR UM CELERADO". (27)

Esse discurso provocou furioso e implacável ressentimento por parte dos macedônios; e Alexandre disse que Calistenes fornecera provas não de seu talento e sim de sua animosidade contra os macedônios.

Eis — segundo Hermipo — a narração que foi feita a Aristóteles por Strebo, o leitor de Calistenes. Este, vendo que já não possuía o favor do rei, disse-lhe duas ou três vezes no momento de abandoná-lo: "Morreu também Pátroclo, de maior valor que o teu" (28).

Aristóteles tem, pois, razão ao dizer que Calistenes era dotado de poderosa e nobre eloqüência, mas que lhe faltava o juízo. Todavia, sua recusa perseverante, digna de um ver-

Alexandre e Aristóteles. Miniatura do *Livro das Maravilhas*, manuscrito do séc. XIV.

dadeiro filósofo, de tributar ao rei a adoração pretendida por Alexandre e sua coragem em dizer publicamente aquilo que, no segredo das consciências, provocara a indignação dos macedônios mais idosos e mais honestos, pouparam uma grande humilhação aos gregos e uma vergonha ainda maior a Alexandre, fazendo-o renunciar a homenagens de tal espécie. Mas Calistenes perdeu-se, porque pareceu que queria forçar o rei mais do que o persuadir.

Conta Charés de Mitilene que, em um banquete, Alexandre, depois de ter bebido, apresentou a taça a um de seus amigos; este, tendo-a tomado, levantou-se, dirigiu-se para o lado onde estava o altar dos deuses domésticos, bebeu e adorou o rei; em seguida, após ter beijado a Alexandre, voltou a sentar-se à mesa. Todos os outros convivas fizeram sucessivamente o mesmo. Calistenes, por seu turno, recebeu a taça, enquanto Alexandre estava conversando com Hefestion, sem lhe prestar atenção; bebe e vai, como os outros, beijar o rei. Demétrio, cognominado Fidon, diz, porém, a Alexandre: "Senhor, não o beijes, pois ele é o único que não te adora". Então, o rei vira a cabeça para não receber seu beijo. "Pois bem! — diz em voz alta Calistenes — eu irei embora com um beijo a menos do que os outros". Essas palavras irritaram o rei, ainda mais porque Hefestion lhe disse, e ele acreditou, que Calistenes lhe prometera cumprir o ato de adoração ao rei, faltando depois ao compromisso. Pessoas como Lisímaco e Hagnon agravaram a acusação, assegurando que o sofista se gabava em toda a parte da recusa de adorar Alexandre, como se assim tivesse destruído a tirania; que os moços lhe corriam atrás e o acatavam como o único homem livre no meio de escravos. Assim, quando a conspiração de Hermolau contra Alexandre foi descoberta, as imputações mais caluniosas contra Calistenes encontraram crédito. Hermolau perguntara a Calistenes como poderia tornar-se o homem mais célebre. Ao que Calistenes teria respondido: "Matando o mais célebre". Para excitar Hermolau, teria acrescentado que não temia a cama de ouro, sem esquecer que se achava diante de um homem sujeito às doenças e às feridas.

Entretanto, nenhum dos cúmplices de Hermolau, embora com as mais cruéis torturas, nomeou jamais Calistenes. Além disso, o próprio Alexandre, escrevendo logo depois a Cratera, a Atalo e Alcetas os pormenores da conspiração, disse que os moços torturados declaram ser eles os únicos autores do crime, e que ninguém conhecia seu segredo. Depois, acusou Calistenes, numa carta a Antipáter: "Os moços — escrevia — foram lapidados pelos macedônios; mas eu próprio punirei o sofista, os que o enviaram e os que receberam os conspiradores em suas cidades". Com isso, evidenciou sua animosidade contra Aristóteles, pelo qual Calistenes fora educado, como parente próximo, pois era filho de Hero, prima de Aristóteles.

Correm diversas versões acerca da morte de Calistenes: dizem uns que Alexandre mandou crucificá-lo; outros, que morreu doente na prisão. Segundo Charés, depois de preso, ficou ele sete meses algemado, para ser julgado em pleno Conselho, na presença de Aristóteles. Mas teria morrido de excesso de gordura e do mal pedicular, mais ou menos na ocasião em que Alexandre foi ferido num combate contra os oxidracos da Índia. Em todo o caso, isso não aconteceu senão bastante tempo depois dos fatos que acabamos de relatar.

Demarato de Corinto, embora já muito velho, não pôde resistir ao desejo de visitar Alexandre. Foi, então, à Ásia e, depois de ter contemplado o rei, disse-lhe: "Lastimo os gregos que morreram antes de te ver sentado no trono de Dario, pois foram privados de uma grande satisfação". Demarato não gozou por muito tempo da benevolência do rei: uma doença matou-o pouco depois. Alexandre fez-lhe exéquias magníficas; e o exército elevou em sua honra um cômoro funerário de circunferência enorme, com oitenta côvados de altura. Seus restos foram levados até à beira do mar em uma carruagem a quatro cavalos, soberbamente ornada.

Alexandre, dispondo-se a partir para a Índia, viu suas tropas tão sobrecarregadas de presas que mal se podia pô-las em movimento. Na manhã da partida, ainda de madrugada, como as carroças já estivessem cheias, ele começou por incendiar as suas e as de seus amigos, fazendo em seguida atear fogo às dos macedônios. Essa resolução parecia bastante perigosa, e foi difícil de executar. Raros foram os soldados que se afligiram; todos os demais, como que invadidos por um entusiasmo religioso, e levantando gritos de alegria e de triunfo, entregaram suas bagagens aos necessitados e, sem discutir, queimaram ou destruíram tudo o que havia de supérfluo. Esse procedimento encheu Alexandre de confiança e de ardor. Mas ele já se tornara terrível pelo rigor inexorável com que castigava a indisciplina. Menandro, um de seus cortesãos, por ele nomeado comandante de uma fortaleza, não quis aí ficar. Então, o rei matou-o com suas próprias mãos; e fez também crivar de flechas Arosdates, um dos bárbaros revoltados.

Uma ovelha parira um cordeiro, cuja cabeça era coroada por uma tiara de forma e cor iguais à dos persas, e com testículos gravados dos dois lados. Esse prodígio provocou a admiração de Alexandre, que se fez purificar pelos babilônios, que ele conduzia habitualmente consigo para tais expiações. E disse a seus amigos que era por eles, mais do que por si próprio, que se sentia preocupado. "Receio — acrescentou — que a Fortuna, após minha morte, faça cair o império nas mãos de um homem covarde e sem coração". Um sinal mais favorável, porém, reanimou-o logo depois. Um macedônio, certo Proxeno, intendente das equipagens, descobriu, cavando nas margens do rio Oxus, para instalar a tenda do rei, a nascente de um líquido gorduroso e viscoso; esgotado esse líquido, jorrou um óleo puro e transparente, que não tinha diferença alguma do azeite, pelo cheiro e pelo gosto, e que possuía totalmente as mesmas qualidades de clareza e untuosidade. Entretanto, no país não havia oliveiras. É verdade que as águas do Oxus são — como dizem — as mais untuosas do mundo, fazendo com que a pele dos que nelas se banham se torne engordurada e oleosa. Vê-se, numa carta de Alexandre a Antipáter, quanto ele ficou encantado por essa descoberta, porquanto a indica como um dos mais assinalados favores da divindade. Esse sinal prognosticava, segundo os adivinhos, uma expedição penosa e cheia de perigos, visto que a divindade deu o óleo aos homens para reparar suas forças esgotadas pela fadiga.

Alexandre correu, de fato, grandes perigos nas batalhas que se seguiram, e recebeu várias feridas, expondo-se com a temeridade de um jovem. A maior parte do exército pereceu pela carestia das coisas mais necessárias e pela adversidade do clima. Para ele, que timbrava em sobrepujar a má sorte com a audácia, e vencer a força contrária com a virtude, nada havia que pudesse resistir ao assalto de homens audaciosos, nem fortificações que não pudessem ser tomadas quando defendidas por covardes. Enquanto sitiava a fortaleza ocupada por Sisimitres, num rochedo muito íngreme e quase inacessível, vendo seus soldados desanimados, informou-se — dizem — com Oxiates sobre que homem era esse Sisimitres. "É o mais covarde dos homens" — respondeu-lhe Oxiates. Alexandre replicou: "É o mesmo que dizer que o rochedo é fácil de se tomar, pois o homem que comanda a fortaleza não está em condições de resistir". Com efeito, Sisimitres ficou atemorizado, e Alexandre apoderou-se da fortaleza.

Sitiou outra fortaleza, em lugar não menos íngreme, e atacou-a comandando os macedônios mais moços. Um destes chamava-se Alexandre. Disse-lhe o rei: "Deves combater com

Alexandre, o Grande, combatendo homens de seis mãos. Manuscrito do séc. XIII.

bravura, ao menos para honrar teu nome". Esse moço tombou na batalha, depois de ter feito prodígios de valor; e Alexandre afligiu-se muito com essa perda. Os macedônios encontravam dificuldades em aproximar-se duma cidade chamada Miza, defendida por um rio profundíssimo. Ele avançou até à margem exclamando: "Miserável que sou, por não ter aprendido a nadar!". Já estava com o escudo na mão e dispunha-se a passar. E mandou suspender o combate.

Logo se apresentaram delegados em nome das cidades sitiadas, para negociar a capitulação. Ficaram admirados ao ver Alexandre armado, sem nenhuma pompa exterior; sua admiração cresceu ainda mais quando foi trazida uma almofada e o rei disse ao mais velho da delegação que se sentasse. Esse homem chamava-se Acufis. Acufis sentiu-se cheio de respeito diante de procedimento tão nobre e cortês; perguntou o que Alexandre exigia deles para que se tornassem seus amigos. "Quero — respondeu Alexandre — que te escolham como rei e que me enviem cem entre os melhores cidadãos". Acufis, sorrindo, replicou: "Senhor, eu governarei muito melhor se, em lugar dos melhores, te enviar os piores".

Taxiles possuía — dizem — na Índia um reino não menos extenso do que o Egito, abundante em pastagens e frutas excelentes. Era um sábio; no seu primeiro encontro com Alexandre, após as saudações, disse-lhe: "Por que fazer guerra entre nós, Alexandre, se não chegaste aqui para nos tirar a água e tudo o que é necessário para a nossa nutrição? São as coisas pelas quais os homens não poderiam furtar-se ao combate. Quanto às riquezas e aos outros bens, se eu os tiver mais do que tu, estou pronto a partilhá-los contigo; e, se eu tiver menos, não ficarei envergonhado recebendo teus benefícios, mas aceitá-los-ei com gratidão". Alexandre ficou encantado com essa franqueza e, abraçando-o, disse: "Acreditas então, ó Taxiles, que o nosso encontro evitará a luta e que tudo terá por limite essas belas palavras, essas demonstrações afetuosas? Não! Com isso tu nada ganharias. Quero combater contigo até ao fim, mas com benefícios; não pretendo ser vencido em boas obras". Taxiles fez ricos presentes a Alexandre, que mais consideráveis lhe deu ainda; afinal, em uma ceia, levou-lhe, no momento do brinde, mil talentos de prata em moeda. Disso não gostaram os amigos de Alexandre, mas foi o que lhe valeu a afeição de uma multidão de bárbaros.

Os mais belicosos entre os indianos punham-se ao serviço das cidades vizinhas como soldados mercenários, defendendo-as com a maior coragem. Em diversas ocasiões, fizeram muito mal a Alexandre, que acabou lhes concedendo uma capitulação honrosa, sob a condição de que saíssem de uma cidade onde se encerraram. Quando se retiraram, Alexandre surpreendeu-os no caminho, e fê-los passar todos a fio de espada. Essa cilada pérfida aparece como uma mancha na vida militar de Alexandre, que até então fizera a guerra com lealdade e como rei. Os filósofos do país não lhe criaram menos dificuldades do que esses indianos mercenários, quer fazendo propaganda contra os reis que se submeteram a Alexandre, quer fazendo levantar os povos livres; por isso, ele mandou enforcar grande número desses sábios.

Ele próprio contou, numa de suas cartas, o que aconteceu na batalha contra Porus. Diz que o Hidaspes separava os dois acampamentos; que Porus mantinha sempre seus elefantes ordenados em frente, na outra margem, para impedir a passagem; que ele, de seu lado, mandava fazer todos os dias muito barulho, de forma tumultuosa, no seu acampamento, para que seus soldados se acostumassem a não recear os gritos dos bárbaros. Durante uma noite tempestuosa e sem lua, Alexandre, com parte de suas tropas de infantaria e o melhor de sua cavalaria, passou para uma ilhota, longe dos inimigos; lá foi acolhido por violenta chuva, acompanhada por vento impetuoso e grandes trovões. A morte de diversos soldados, fulminados em sua presença, não impediu que abandonasse a ilha e alcançasse a outra margem. O Hidaspes, crescido pela chuva, corria com tamanha rapidez que produzia uma grande brecha na margem; e as águas faziam redemoinho com violência na passagem que haviam aberto. Alexandre esforçava-se para passar entre as duas correntes; mas enorme era o labor para se suster em um terreno movediço e minado pelas vagas. Foi então — dizem — que Alexandre gritou: "Oh atenienses, imaginai os perigos contra os quais eu me arrisco para merecer os vossos louvores!". É, pelo menos, o que relata Onesicrito. Mas Alexandre diz apenas que os macedônios, após terem deixado os navios, atravessaram a brecha com suas armas, tendo a água até ao peito. Passado o Hidaspes, tomou a dianteira, com sua cavalaria a uma distância de vinte estádios da infantaria, certo de que, se os inimigos o atacassem com a cavalaria, ele os derrotaria facilmente com a sua, e, se avançassem com a infantaria, a sua teria tempo de alcançá-los. Uma dessas duas previsões realizou-se. O ataque começou da parte de um corpo de mil cavalos e sessenta carruagens que Alexandre desbaratou em um instante: tomou todas as carruagens e matou quatrocentos cavaleiros.

Batalha de Alexandre, o Grande. Manuscrito do século XIII.

Porus reconheceu, por essa ação vigorosa, que Alexandre atravessara pessoalmente o rio; avançou, então, à frente de todo o seu exército, só deixando poucas tropas na margem do rio, para defender a passagem contra o resto dos macedônios. Alexandre não ousou atacar de frente os elefantes e o grosso dos inimigos; foi atacar a ala esquerda e mandou atacar a direita por Cênus. As duas alas de Porus foram repelidas e recuaram até aos elefantes, para se juntar. A batalha tornou-se, então, encarniçada: os inimigos só começaram a fugir na oitava hora do dia. Tais são os pormenores narrados numa de suas cartas, pelo próprio general que comandou a batalha. Porus — ao que conta a maior parte dos historiadores — tinha quatro côvados e um sfitamo de altura; a estatura e a compleição do cavaleiro correspondiam às do elefante que ele cavalgava, e que era o maior de todo o exército. Esse elefante mostrou, na ocasião, possuir admirável inteligência e um afeto enorme pela pessoa do rei; enquanto Porus conservou suas forças, defendeu-o com coragem, repelindo e derrubando os assaltantes; mas, quando sentiu que Pours, coberto de dardos e de feridas, enfraquecia aos poucos, receando que ele caísse, dobrou os joelhos e, abaixando-se suavemente até o chão, arrancou-lhe com a tromba, um por um, todos os dardos.

Porus foi preso, e Alexandre perguntou-lhe como queria ser tratado: "Como rei" — respondeu Porus. Alexandre acrescentou: "Nada mais queres?". Porus replicou: "Tudo está incluído nessa palavra". Alexandre não se limitou a restituir-lhe seu antigo reino com título de sátrapa: deu-lhe outros territórios, subjugou os povos livres da região, que formavam — dizem — quinze nações diferentes, com cinco mil cidades consideráveis e infinito número de aldeias, e reuniu tudo isso sob a dominação de Porus. Alexandre conquistou outro país três vezes maior, onde colocou como sátrapa Filipe, um de seus amigos. Bucéfalo ficou crivado de feridas, na batalha contra Porus, e morreu pouco depois, segundo a narração da maior parte dos historiadores; mas Onesicrito narra que Bucéfalo morreu de cansaço e de velhice, pois tinha trinta anos de idade. Alexandre chorou-o muito, como se tivesse perdido um amigo, um fiel companheiro. Construiu, em sua lembrança, nas margens do Hidaspes, uma cidade, que chamou Bucefália. Diz-se também que, tendo perdido um cão, chamado Peritas, criado por ele próprio, e de que muito gostava, fez construir uma cidade a que deu esse nome. Socion diz que isso lhe foi dito por Potamon de Lesbos.

A batalha contra Porus arrefeceu o entusiasmo dos macedônios e lhes fez perder a vontade de continuar o seu avanço. Eles haviam, com grande esforço, conseguido repelir um inimigo que combatia com um exército de vinte mil homens de infantaria e dois mil cavaleiros; também resistiram com todas as forças a Alexandre, quando este quis obrigá-los a atravessar o Ganges. Sabiam que a largura desse rio era de trinta e dois estádios e sua profundidade de cem órgias; que a margem oposta era coberta por uma infinidade de tropas de infantaria, de cavalos e de elefantes; que os reis dos gandaritas e dos precianos os operavam com oitenta mil cavaleiros, duzentos mil soldados de infantaria e seis mil elefantes adestrados na guerra. Essas notícias não eram exageradas; Androcoto, que reinou pouco tempo depois naquelas regiões, presenteou Seleuco com quinhentos elefantes, e percorreu e dominou a Índia inteira, chefiando um exército de seiscentos mil homens. Humilhado e irritado pela recusa dos macedônios, Alexandre ficou, a princípio, encerrado em seu quarto, deitado no chão, afirmando que não podia ser grato pelo que eles haviam feito até àquele momento se não atravessassem o Ganges; e que considerava uma retirada prematura como confissão de derrota. Seus amigos, porém, encontraram razões persuasivas para consolá-lo; seus soldados apresentaram-se à sua porta, para comovê-lo com seus gritos e gemidos; afinal, deixou-se enternecer e preparou-se para o regresso, inventando uma infinidade de artifícios enganadores e sofísticos para alimentar a opinião exagerada de sua glória. Mandou, com efeito, fabricar armas, manjedouras para cavalos de tamanho extraordinário, freios de maior peso do que os comuns; e espalhou esses objetos em toda a parte, no campo. Erigiu também, em honra dos deuses, altares que os reis dos persas ainda veneram: eles passam todos os anos o Ganges, para ali fazer sacrifício à moda dos gregos. Androcoto, que era então muito jovem, vira freqüentemente Alexandre; ele repetiu muitas vezes — dizem — que nada lhe importaria se Alexandre se tornasse senhor daquelas regiões, visto que o rei que ali comandava era odiado e desprezado pela sua malvadez e pela inferioridade de sua origem.

Alexandre, curioso de ver o mar externo, mandou construir grande número de barcos e de jangadas, com que facilmente desceu por via fluvial. Entretanto, a navegação não passou sem combates; desembarcava para atacar as cidades que encontrava no caminho, e submetia as cercanias; mas, por um triz não foi irreparavelmente batido, no país dos oxidracos, os mais belicosos dos indianos. Após ter afastado a golpes de flechas os inimigos do cimo das muralhas de sua cidade, subiu ali primeiro, mediante uma escada, que se arrebentou debaixo de seus pés, quando chegou em cima. Os bárbaros, do outro lado, embaixo da muralha, atiravam-lhe suas flechas enquanto ele tinha consigo pequeno número dos seus, que haviam conseguido segui-lo. De repente, reunindo todas as suas forças, ele atira-se no

Sarcófago de Alexandre (detalhe). Procede da Necrópole de Sídon. Mármore. Museu Arqueológico, Istambul.

meio dos inimigos e, felizmente, cai em pé. Pelo ruído que suas armas fizeram na queda, e pelo brilho que projetavam, os bárbaros acreditaram ver um relâmpago ou um fantasma ameaçador: tomados de pânico, fugiram, dispersando-se. Mas, quando viram com ele só dois escudeiros, voltaram ao lugar e o atacaram a golpes de espada e de lança; apesar da defesa mais vigorosa, Alexandre recebeu diversas feridas através de sua armadura. Um dos bárbaros, que estava um pouco mais longe, atirou-lhe uma flecha tão rude e violentamente que atravessou a couraça e penetrou nas costelas, na altura do peito. A força do golpe fez-lhe dobrar os joelhos; inclinou-se para a frente, e o bárbaro que o ferira correu-lhe em cima, com a cimitarra na mão. Peucestas e Lineu serviram-lhe de escudo com seus corpos, ambos ficando feridos. Lineu morreu em conseqüência disso, e Peucestas prendeu o bárbaro, que foi morto por Alexandre. O rei, além de diversas outras feridas, recebeu afinal uma pancada na nuca, pela qual ficou tão atordoado que, não podendo mais suster-se, se apoiou na muralha, com o rosto virado para os inimigos. Nesse momento, os macedônios, entrando em quantidade, cercaram-no, levantaram-no e transportaram-no, desmaiado, até sua tenda. Logo, no acampamento, correu o boato de que Alexandre estava morto. Começaram por cortar, com extrema delicadeza, a madeira da flecha, e puderam então, embora com dificuldade, tirar-lhe a couraça; praticaram depois uma profunda incisão para extirpar o ferro do dardo, que estava cravado numa costela, e que tinha três dedos de largura e quatro de comprimento. Alexandre desmaiou diversas vezes durante a operação; mas, logo que o ferro foi retirado da ferida, voltou a si. Tendo escapado a esse perigo, ainda fraco, e submetido a um longo tratamento e a um regime severo, ouviu um dia os macedônios fazerem barulho à porta de sua tenda e pedirem que os deixassem vê-lo. Alexandre vestiu-se e apareceu-lhes; então, após os sacrifícios aos deuses, reiniciou sua viagem, interrompendo de vez em quando a navegação, para subjugar uma grande extensão de regiões e cidades notáveis.

Fez prisioneiros dez ginosofistas (29) que muito haviam contribuído para a revolta de Sabas, tendo sido causa de muitas contrariedades para os macedônios. Como fossem famosos pela exatidão e sutileza de suas respostas, o rei formulou umas questões que pareciam insolúveis, declarando que faria morrer primeiro aquele que respondesse mal, e os outros sucessivamente; e escolheu o mais velho entre eles para ser juiz. Perguntou ao primeiro qual era o maior

Alexandre e os ginosofistas. Miniatura do *Livro das Maravilhas*, manuscrito do séc. XIV.

número — o dos vivos ou dos mortos: "O dos vivos — foi-lhe respondido —, pois os mortos já não existem". Ao segundo, se era a terra ou o mar que produzia animais maiores: "A terra, pois o mar é apenas uma parte dela". Ao terceiro, qual era o menor dos animais: "Aquele — foi a resposta — que ainda não é conhecido pelo homem". O quarto, interrogado acerca do motivo pelo qual haviam instigado Sabas à revolta, respondeu: "Para que vivesse com glória ou morresse miseravelmente". Alexandre perguntou ao quinto se existiu primeiro o dia ou a noite: "O dia — foi a resposta —, mas só de um dia precedeu este a noite". Estranhando o rei essa resposta, o filósofo acrescentou que perguntas extraordinárias precisavam de respostas extraordinárias. Alexandre, então, dirigiu-se ao sexto, perguntando: "Qual é o meio mais certo para se fazer amar?" A resposta foi: "Não se fazer temer, mesmo quando se é o mais poderoso dos homens". O sétimo, interrogado sobre a maneira pela qual um homem pode tornar-se deus, respondeu: "Fazendo o que é impossível ao homem fazer". O oitavo, à pergunta de qual seria o mais forte, a vida ou a morte, respondeu: "A vida, que suporta tantos males!". O último, sobre até que idade é bom viver, declarou: "Até ao momento em que não se julgue a morte preferível à vida". Então, Alexandre, dirigindo-se ao juiz, convidou-o a pronunciar-se: "Todos — ele sentenciou — responderam cada qual pior do que o outro". Alexandre afirmou por sua vez: "Deves, pois, por esse belo julgamento, morrer primeiro". O velho replicou: "Absolutamente não, se não faltares à tua palavra; pois disseste que farias morrer primeiro aquele que respondesse pior". Alexandre fez vários presentes aos ginosofistas e despediu-os.

Em seguida, enviou Onesicrito a procurar os indianos mais conceituados por sua sabedoria e que viviam pacificamente em seus retiros, para convidá-los a visitar Alexandre. Onesicrito era um filósofo da escola de Diógenes, o Cínico. Relata ele que Calano quis obrigá-lo, em tom insolente, a despir a túnica, para ouvir nu suas palavras: "Do contrário — acrescentou — eu não te falarei, mesmo que tivesses sido enviado por Júpiter". Dandamis recebeu-o com mais doçura e, tendo Onesicrito falando em Sócrates, em Pitágoras e em Diógenes: "Esses homens — observou Dandamis — parecem ter tido disposições para a virtude; mas tiveram, durante sua vida, exagerado respeito pelas leis". Segundo outros, Dandamis nem travou conversa com One-

Pitágoras.
Imagines veterum illustrium philosophorum.
Roma, 1685.

sicrito, limitando-se a perguntar-lhe o motivo pelo qual Alexandre empreendera viagem tão longa. Entretanto, Taxiles induziu Calano a visitar Alexandre. O verdadeiro nome daquele indiano era Stines; mas, como ele dirigisse àqueles que encontrava a palavra *calé*, que significa "salvação", os gregos apelidavam-no Calano. Ele pôs — dizem —, sob os olhos de Alexandre, um emblema do poder soberano. Estendeu no chão um couro de boi, bem seco e enrugado; e, pondo o pé sobre uma das pontas, fez de maneira que as demais partes se levantassem. Dessa forma, fazendo girar o couro e premindo cada extremidade, fez notar ao rei que, quando premia uma das pontas, as demais se le-

Diógenes e Alexandre Magno. *Le theatre moral de la vie humaine.* Bruxelas, 1678.

vantavam; por fim, colocou-se no centro e o couro ficou igualmente esticado. A lição expressa por essa imagem era que Alexandre devia ficar no centro de seus Estados e não se afastar dele.

A navegação fluvial, até ao oceano, durou sete meses. Alexandre embarcou com sua frota no oceano e foi descansar numa ilha a que deu o nome de Scilústis, e que outros chamam Psiltúcis. Ali sacrificou aos deuses e observou, de tão perto quanto possível, a natureza daquele mar e das costas adjacentes; depois, rogou aos deuses que nenhum mortal, sucessivamente, ultrapassasse os limites aos quais tinha chegado sua expedição e iniciou a viagem de regresso. Dessa vez, atravessou o país dos orites; ali padeceu tão extrema carestia que muitos companheiros pereceram, ficando seu exército, de regresso da Índia, reduzido à quarta parte, sendo que, ao começo da expedição, era composto de cento e vinte mil homens de infantaria e quinze mil cavalos. Moléstias agudas, maus alimentos, calores excessivos e sobretudo a fome, naquela região estéril e inculta, habitada por homens que viviam rudemente e que possuíam apenas poucas ovelhas magras, acostumados a nutrir-se de peixes do mar e cuja carne era intragável e fétida, grassaram entre os soldados de Alexandre. Este arrostou grandes dificuldades para percorrer o caminho em sessenta dias; e chegou afinal a Gedrósia, onde os reis e os sátrapas das proximidades enviaram-lhe fartas provisões de toda espécie.

Fez descansar algum tempo o exército e, depois, reiniciou a marcha, atravessando em sete dias a Carmania, como que continuamente em festa. Levado sobre um estrado quadrangular, colocado numa carruagem bastante elevada e puxado por oito cavalos, passava dia e noite em banque-

Cena de amor. Escultura. Procedência desconhecida.

tes. Inúmeras carruagens seguiam-no, algumas cobertas de tapetes de púrpura ou de fazendas multicores, outras sombreadas por galhos verdes renovados continuamente, sob as quais viajavam os restantes amigos e generais, coroados de flores e passando o tempo a beber. Não se via, nesse cortejo, nem escudo, nem capacete, nem lança; o caminho estava repleto de soldados armados de garrafas, de copos e de taças, que tiravam continuamente vinho das jarras e das urnas, e faziam brindes, bebendo à saúde um do outro, ora seguindo a marcha, ora sentados em mesas preparadas ao longo do caminho. Ouviam-se, ao longe, o som das gaitas e das flautas, o barulho das canções, os acordes da lira, o ruído das danças frenéticas das mulheres. Toda a licenciosidade das bacanais imperava nesses divertimentos, nessa marcha desregrada de bêbados: dir-se-ia que Baco presidia pessoalmente a tamanha orgia.

Chegando ao paço dos reis, em Gedrósia, Alexandre mandou descansar novamente o exército, sempre em festa. Um dia, sob a ação do vinho — dizem —, assistiu a coros de danças, nas quais Bagoas, de quem ele gostava, e que havia custeado as diversões, obteve o prêmio. O vencedor, depois de ter recebido a coroa, atravessou o teatro e foi sentar-se ao lado de Alexandre. Os macedônios, que assistiam, bateram palmas e convidaram o rei, com gritos, a dar-lhe um beijo. Alexandre cingiu-o nos braços e beijou-o.

Depois, chegou Nearco, que lhe contou coisas tão agradáveis sobre a sua navegação que Alexandre resolveu embarcar no Eufrates com uma frota numerosa, costeando a Arábia e a África, para entrar, depois, através das colunas de Hércules, no mar Mediterrâneo. Mandou construir em Tapsaco embarcações de toda espécie, e chamou de toda parte pilotos e remadores.

Mas a expedição tão dificultosa por ele feita nos países altos, o acidente do qual fora vítima no país dos oxidracos e as grandes perdas padecidas por seu exército no país dos oritas, ao passo que comprometiam a esperança de que escapasse a tantos perigos, inspiravam nos povos subjugados recentemente a audácia de se revoltar, tornando infiéis, avaros e insolentes os governadores das províncias e os sátrapas. Em toda a parte, enfim, havia extrema inquietação, pelo desejo de novidades. Ademais, Olimpíada e Cleópatra, coligadas contra Antipáter, dividiram entre si os estados da Europa: Olimpíada tomou o Épiro e Cleópatra a Macedônia. Alexandre, ao receber essa notícia, disse que sua mãe fizera a escolha mais prudente, pois os macedônios nunca se deixariam governar por uma mulher. Esses acontecimentos obrigaram-no a mandar Nearco para o mar, a fim de fazer a guerra contra todas as províncias marítimas, enquanto ele, percorrendo as províncias altas, castigava os governadores mal comportados. Por suas próprias mãos, com um golpe de dardo, matou Oxiates, um dos filhos de Abulites. Este não levara nenhuma das provisões que lhe tinham sido encomendadas, mas apresentara três mil talentos de prata em moeda. Alexandre mandou pôr esse dinheiro diante dos seus cavalos e, como estes ficassem indiferentes, disse: "Que vou fazer com tuas provisões?". E mandou prender Abulites.

O primeiro cuidado de Alexandre, na Pérsia, foi distribuir a cada uma das mulheres, conforme o hábito dos reis, cada vez que regressavam ao país, uma moeda de ouro. Esse costume impedira — dizem — que diversos reis entrassem freqüentemente na Pérsia; Ocus nunca a visitou e, por uma sórdida avareza, baniu-se espontaneamente da própria pátria. Tendo encontrado o sepulcro de Ciro aberto e violado, Alexandre castigou com a morte o autor do sacrilégio, embora fosse um macedônio de Pela, personagem de destaque, chamado Polímaco. Tendo lido o epitáfio,

Túmulo de Ciro II, 530 a.C. No princípio da época islâmica, foi transformado em mesquita. Pasárgada.

mandou gravar debaixo dele sua tradução em grego. Eis os dizeres: "Oh homem, quem quer que sejas, e de onde quer que tenhas vindo, pois eu sei que virás, eu sou Ciro, aquele que conquistou para os persas este império; não me invejes, portanto, este pouco de terra que cobre meu corpo". Essas palavras causaram profunda impressão em Alexandre, lembrando-lhe a incerteza e a instabilidade das coisas humanas.

Entrementes, Calano, atormentado desde algum tempo por um catarro intestinal, pediu que lhe preparassem uma fogueira. Para lá se dirigiu a cavalo, fez sua prece aos deuses, espargiu sobre si mesmo as libações sagradas, cortou uma mecha dos cabelos, como primícias do sacrifício, e saudou os macedônios que estavam presentes, convidando-os a passar aquele dia em festa, bebendo e agradando o seu rei. "Quanto a ti — disse a Alexandre — breve tornarei a ver-te em Babilônia". Terminado esse discurso, subiu na fogueira, deitou-se nela e cobriu o rosto. Quando sentiu a chama aproximar-se, não fez movimento algum; continuou deitado na mesma posição, e consumou seu sacrifício, segundo o costume dos sábios de seu país. Muitos anos depois, outro indiano, que acompanhava César, fez a mesma coisa em Atenas; e, hoje em dia, ainda é mostrado seu túmulo, chamado o túmulo do indiano. Alexandre, voltando do sacrifício, reuniu para a ceia diversos amigos seus e generais, e ofereceu um prêmio para aquele que mais bebesse. O vencedor foi Promaco, que bebeu doze litros de vinho e recebeu um talento como prêmio de sua vitória, morrendo três dias depois. Dos outros convivas — segundo Charés — morreram quarenta e um em conseqüência da orgia, acometidos de um frio vio-

Ânfora.
Sátiros comendo uvas.
Museu da Universidade de Würzburg.

lentíssimo, enquanto perdurava o estado de embriaguez. Alexandre, chegando a Susa, casou seus amigos, e ele próprio se casou com Statira, filha de Dario. Deu aos mais destacados as mulheres mais nobres, e celebrou com uma festa magnífica as núpcias dos macedônios, já anteriormente casados. Dizem que havia, nesse festim, nove mil convivas e que Alexandre deu a cada um uma taça de ouro para as libações. Quis que houvesse em todo o restante a mesma suntuosidade e pagou todas as dívidas dos macedônios, alcançando uma quantia de nove mil, oitocentos e setenta talentos. Antígenes, o Zarolho, se fizera inscrever fraudulentamente na lista dos devedores, tendo apresentado aos tesoureiros um cúmplice que afirmava ter-lhe emprestado certa quantia. Alexandre pagou, mas, descoberta a fraude, ficou irritado com tanta baixeza e, repelindo Antígenes do seu coração, tirou-lhe o posto de general. Esse Antígenes era um denodado combatente: ainda muito jovem, no sítio de Perinto feito por Filipe, ferido num olho por uma flecha de catapulta, não quis que a arrancassem senão depois de repelir para dentro de suas muralhas os inimigos expulsos. Sofreu muito por causa dessa ignomínia e parecia disposto a matar-se pelo desprazer e pelo desespero. O rei, pelo menos, teve esse receio, pois lhe perdoou e ordenou-lhe que guardasse o dinheiro recebido.

As trinta mil crianças que Alexandre deixara confiadas aos professores, para instruí-las na arte militar, já eram, por ocasião do seu regresso, fortes e robustos rapazes, singularmente ágeis em todos os exercícios. Alexandre ficou encantado; mas os macedônios, ao contrário, ficaram desanimados: temiam que o rei não lhes tivesse mais a mesma afeição; e, quando Alexandre despediu os doentes e os inválidos, enviando-os para o mar, queixaram-se como que de uma injúria e de um sinal de seu desprezo, dizendo: "Serviu-se de nós para tudo o que quis, e agora nos repele ignominiosamente; faz-nos voltar à nossa pátria e à nossa família, não porém, no estado em que estávamos quando nos recrutou. Que despeça então a todos e olhe para todos os macedônios como inúteis à sua glória, conservando consigo esses jovens dançarinos, para ir com eles à conquista do mundo".

Alexandre irritado com essas queixas, dirigiu-lhes repreensões severas. Afastou-os, deu a guarda de sua pessoa aos persas, escolhendo entre estes seus auxiliares e arautos. Quando os macedônios o viram cercado pelos estrangeiros, enquanto eles eram repelidos e tratados com ignomínia, perderam toda a altivez; depois de discutirem em reunião, acabaram reconhecendo que o despeito e o ciúme os enlouqueciam. Afinal, arrependidos, apresentaram-se à porta da tenda de Alexandre, sem armas e vestidos com simples túnicas, soltando gritos e gemidos, rendendo-se à justiça do rei, e rogando-lhe que os castigasse como maus e ingratos. Alexandre, embora já enternecido, recusou admiti-los à sua presença. Todavia, eles continuaram na mesma atitude; passaram dois dias e duas noites perto da tenda, lastimando sua desgraça, invocando seu senhor supremo. No terceiro dia, ele saiu; e, vendo o estado de desolação e de abatimento no qual eles estavam, chorou muito; depois lhes fez, com doçura, algumas admoestações; e, após um discurso cheio de afeição, despediu os que estavam já em serviço, e os cumulou de presentes. Escreveu a Antipáter para lhe recomendar que, em todos os jogos e em todos os teatros, eles se sentassem nos primeiros lugares, com coroas na cabeça; e mandou pagar uma pensão aos órfãos que perderam os pais na guerra.

Chegando a Ebatana, na Média, despachou os negócios mais urgentes, e voltou aos espetáculos e às festas, tendo chegado da Grécia três mil artistas. Nos mesmos dias, porém, Hefestion adoeceu com febre. Moço, e homem de guerra, Hefestion não pôde adaptar-se a uma dieta rigorosa; e, enquanto Glauco, seu médico, fora ao teatro, pôs-se na mesa, comeu um frango assado e bebeu uma grande taça de vinho arrefecido. Esse excesso agravou o mal e, pouco depois, Hefestion morreu. Alexandre não escondeu a dor violenta causada por essa perda. Fez cortar logo, em sinal de luto, as crinas de todos os cavalos, de todos os burros do exército e abater as ameias das cidades vizinhas. O infeliz do médico foi crucificado.

Por muito tempo, o uso de flautas e de qualquer espécie de música cessou no acampamento. Afinal, chegou um oráculo de Amon, que mandava tributar honras especiais a Hefestion, com sacrifícios, como se fazia para os heróis. Alexandre procurou na guerra uma distração para sua dor. Partiu como para uma caça ao homem, subjugou o povo

Leão alado com chifres de carneiro e patas traseiras de grifo. Séc. V. a.C. Tijolo esmaltado. Museu do Louvre, Paris.

dos cosseanos, fazendo-os passar todos a fio de espada, inclusive mulheres e crianças. Essa horrível carnificina foi chamada o sacrifício fúnebre de Hefestion.

Alexandre tencionava gastar dez mil talentos para a construção do túmulo e para as despesas das exéquias, e queria que estas fossem, mais ainda do que pela imensidade da despesa, notáveis pelo capricho e magnificência dos ornamentos. Entre todos os artistas daquele tempo, desejou Stasicrates, cujos planos se distinguiam pela grandeza, audácia e singularidade. Pouco tempo antes, Stasicrates, conversando com Alexandre, dissera-lhe que, entre todas as montanhas por ele vistas, o monte Atos da Trácia era o que mais facilmente podia ser talhado em forma humana; que, se Alexandre lhe mandasse, ele faria daquela montanha a mais duradoura das estátuas e a mais exposta a todos os olhares; que a estátua teria na mão esquerda uma cidade de dez mil habitantes, e com a mão direita despejaria um grande rio levando suas águas ao mar. Alexandre rejeitou essa proposta, preocupando-se em imaginar e preparar, com seus artistas, planos ainda mais maravilhosos e custosos.

Ele marchava para Babilônia, quando Nearco, já de regresso do mar e subindo o Eufrates, lhe relatou que os caldeus o haviam avisado para que impedisse a entrada de Alexandre em Babilônia. O rei não deu importância ao aviso e continuou a marcha. Chegando perto das muralhas da cidade, viu diversos corvos que se batiam entre si encarniçadamente; alguns deles caíram a seus pés. Depois, como soubesse que Apolodoro, governador de Babilônia, fizera um sacrifício para consultar os deuses a respeito dele, mandou chamar o adivinho Pitágoras. Este não se negou e, tendo Alexandre perguntado como havia encontrado as vítimas, respondeu que não tinha encontrado a cabeça. "Meu Deus — exclamou o rei —, que terrível presságio!". Contudo, nada fez de mal a Pitágoras; mas arrependeu-se de não ter seguido o conselho de Nearco. Ordinariamente, ficava ele no acampamento, fora das muralhas de Babilônia. Para se distrair fez diversas viagens no Eufrates. Estava, porém, perturbado por uma multidão de presságios sinistros; entre estes, um asno doméstico atacou o maior e mais belo dos leões mantidos em Babilônia, matando-o com um coice. Um dia, depois de se despir para se fazer esfregar com óleo, Alexandre pôs-se a jogar a péla; e, quando quis vestir-se novamente, os moços que haviam jogado com ele viram outro homem sentado em seu trono, vestido com o manto real, o diadema na cabeça, em silêncio. Perguntou-se a esse homem quem era ele. Ficou muito

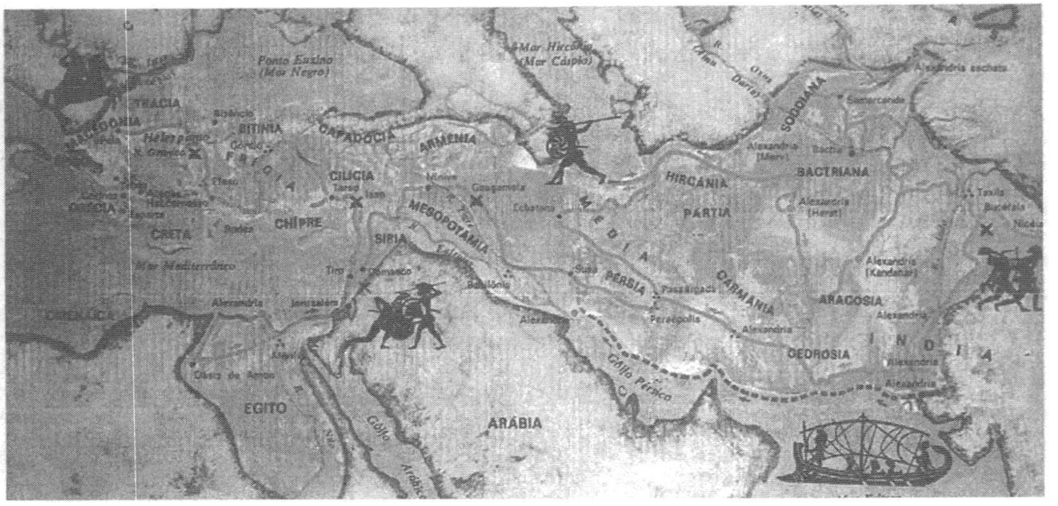

Mapa:
O Império de Alexandre.

tempo sem responder; afinal, como que caindo em si mesmo, disse: "Eu me chamo Dionísio; sou messênio. Transportaram-me do mar a Babilônia, em conseqüência duma acusação feita contra mim; e aqui fiquei muito tempo na prisão. Hoje, apareceu-me Serápis; este quebrou minhas algemas, trouxe-me aqui, mandou-me tomar o manto e o diadema do rei, sentar-me no trono e ficar calado".

Ouvida essa resposta, Alexandre, aconselhado pelos adivinhos, mandou matar Dionísio; caiu, porém, em profunda tristeza, perdendo a fé na proteção dos deuses e suspeitando dos amigos. Temia especialmente Antipáter e seus filhos, um dos quais, chamado Iolau, era seu copeiro-mor. Outro dos filhos, chamado Cassandro, e recém-chegado, logo que viu os bárbaros adorando Alexandre, prorrompeu em gargalhadas, pois nunca vira algo semelhante, educado como fora com outros costumes. Irritado com a irreverência, Alexandre apanhou-o pelos cabelos, com as duas mãos, e lhe bateu a cabeça contra a muralha. Outra vez, Cassandro quis defender Antipáter contra seus acusadores; Alexandre repreendeu-o asperamente: "Que pretendes? — disse-lhe — se estes homens não tivessem padecido injustiça, viriam de tão longe para acusar falsamente a teu pai?". Cassandro replicou: "O que prova serem caluniadores é exatamente o fato de se terem afastado daqueles que poderiam demonstrar sua falsidade". Alexandre riu-se e acrescentou: "Eis um dos sofismas de Aristóteles, para provar o pró e o contra; mas não escaparás ao castigo se for provado que cometeste a menor injustiça contra esses homens". Essa ameaça provocou tamanho terror em Cassandro, e esse terror ficou tão fortemente gravado em sua alma que, muito tempo depois, quando já rei da Macedônia e senhor da Grécia, um dia, passeando em Delfos, e olhando para as estátuas, logo que vira a de Alexandre, ficou tão impressionado que seu corpo começou a tremer e a arrepiar-se, e só com dificuldade saiu da vertigem causada por aquela visão.

Alexandre, completamente abandonado às suas fantasias supersticiosas, ficou tão perturbado, tão atemorizado, que as coisas mais insignificantes, bastando que se apresentassem de maneira um tanto extraordinária e estranha apareciam-lhe como sinais e prodígios. Seu paço estava repleto de gente fazendo sacrifícios, expiações ou profecias; não há dúvida de que, se de um lado a descrença e o desprezo da divindade são sentimentos criminosos, do outro a superstição é uma paixão ainda mais terrível! Como a água, que enche sempre as partes baixas, essa paixão insinua-se nas consciências desanimadas, enchendo-as de loucura e de terror;

foi esse o efeito produzido em Alexandre. Todavia, sentiu-se acalmado pelos oráculos recebidos do deus, a respeito de Hefestion (30): abandonou o luto e voltou aos sacrifícios e aos festins.

Um dia, depois de ter oferecido a Nearco um grande banquete, tomou banho, conforme seu hábito, para deitar-se em seguida; mas, cedendo à insistência de Médio, foi à casa deste para uma ceia; lá, depois de ter bebido durante toda a noite e o dia seguinte, foi acometido de uma febre. Ele não havia bebido na taça de Hércules, nem sentido uma dor repentina e aguda nas costas, como se tivesse recebido uma lançada: são pormenores imaginados por alguns escritores, como epílogo trágico e emocionante dum grande drama. Aristóbulo relata simplesmente que, acometido de febre e padecendo profunda alteração, bebeu mais vinho, e, logo depois, caiu em delírio, morrendo aos trinta do mês de Désius (31).

Eis, porém, o que achamos nas *Efemérides* no tocante à sua doença. A 18 do mês de Désius, foi acometido de uma febre e adormeceu na sala de banho. No dia seguinte, tomou banho e passou todo o dia em seu quarto, jogando os dados com Médio. À noite, tomou segundo banho e, após o sacrifício aos deuses, ceou; durante a noite teve febre. No dia 20, tomou banho, fez o sacrifício ritual e, deitado na sala de banho, distraiu-se ouvindo a narração de Nearco sobre os pormenores de sua grande navegação. No dia 21, fez ainda a mesma coisa; a febre aumentou, e à noite passou mal. A 22, a febre redobrou de violência; ele fez levar sua cama perto da grande piscina de natação, e deteve-se conversando com seus oficiais a respeito dos postos vagos no exército; recomendou-lhes que só nomeassem pessoas que já tivessem dado provas de si. A 24, a

A morte de Alexandre Magno. Séc. XIV. Cena do *Livro dos Reis*. Miniatura. Freer Gallery of Art, Washington.

febre foi elevadíssima; apesar disso, fez-se levar ao sacrifício e quis ele próprio oferecê-lo. Mandou que seus primeiros oficiais montassem guarda no pátio e encarregou os taxiarcas e os comandantes de cinqüenta homens de vigiar durante a noite os arredores. A 25, quis ser transportado para o outro lado do paço, e ali dormiu um pouco; mas a febre não diminuiu; e, quando os generais entraram no seu quarto, já não falava. A 26, passou da mesma maneira; os macedônios, que o julgavam morto, foram até às por-

Funerais de Alexandre, da Babilônia. Miniatura do séc. XVI.

tas do paço, levantando grandes gritos, e obrigaram com ameaças seus companheiros da guarda a, permitir-lhes a entrada. As portas foram abertas; e os soldados desfilaram perante sua cama, todos em simples túnicas. Naquele dia, Píton e Seleuco foram enviados ao templo de Serápis, para perguntar ao deus se deviam transportar Alexandre ao templo. O deus respondeu que o deixassem onde estava. No dia 28, ao anoitecer, faleceu. Quase todos esses pormenores estão consignados, nestes próprios termos, nas *Efemérides*. Ninguém, então, suspeitou de envenenamento. Foi — dizem —

seis anos depois que, baseando-se em alguns indícios, Olimpíada fez matar grande número de pessoas e espalhar ao vento as cinzas de Iolau, já morto, e por ela acusado de ter despejado veneno na taça. Os que acusam Aristóteles de ter aconselhado esse crime a Antipáter, e de ter levado ele próprio o veneno, fundamentam-se na narração de certo Agnotêmis, que asseverava o ter sabido do rei Antígono. O veneno era — conforme essa narração — uma água fria e gelada, que destila duma rocha, no território de Nonácris, e que se recolhe, como leve orvalho, num casco de burro, pois não poderia ser conservada em outra vasilha; quebrá-la-ia com seu frio e acrimônia. Em geral, os escritores julgam fabuloso tudo o que se diz a propósito desse envenenamento; e a prova que eles alegam é que, depois da morte de Alexandre, surgiu a cisão entre seus generais e, durando a discórdia muitos dias, o corpo, abandonado sem nenhum cuidado em lugar muito quente, sob um ar sufocante, não deu sinal algum da alteração produzida geralmente pelo veneno, conservando-se, pelo contrário, limpo e fresco durante todo o tempo.

Roxana, que se achava grávida, recebeu, por esse motivo, as homenagens dos macedônios. Com ciúmes de Statira, escreveu-lhe, em nome de Alexandre, uma carta falsa, para que viesse; Statira, enganada, chega. Roxana manda matá-la com a irmã que a acompanha e jogar os corpos num poço, mandado encher por sua ordem. Pérdicas foi confidente e cúmplice desse crime. Foi ele, com efeito, quem gozou, nos primeiros tempos, de maior autoridade, porque se fazia acompanhar por Arrideu, como salvaguarda para lhe assegurar o poder da realeza. Arrideu era filho de Filipe e duma cortesã de baixa origem, chamada Filina. Tinha,

Mãe de Dario II chora ao receber a notícia da morte de Alexandre. Miniatura do séc. XVI.

porém, a mente enfraquecida por efeito duma grave doença, não devida ao acaso nem a vício de constituição: desde a infância mostrava um caráter amável e elevação de espírito; Olimpíada, porém, dera-lhe certas beberagens que lhe alteraram o temperamento e lhe perturbaram a razão.

Júlio César.
Museu do Castelo, Agliè.

Caio Júlio César

(Nascido no ano 100 e falecido no ano 44 a.C.)

Cornélio Sila.
Glipoteca, Mônaco.

Sila, já senhor de Roma, não conseguindo, nem com promessas, nem com ameaças, persuadir Cornélia, filha de Cina, aquela que exercera o soberano poder, a separar-se de César, confiscou, então, seu dote. O parentesco de César com Mário foi a causa de sua inimizade com Sila. Com efeito, Mário-o-Velho casara-se com Júlia, irmã do pai de César, e de Júlia nasceu Mário-o-Moço, primo-irmão, portanto, de César. Nos primeiros tempos das proscrições, Silas, absorvido por outras preocupações, e com o grande número de vítimas por ele imoladas diariamente, não pensou em César; mas César, em vez de aproveitar esse esquecimento, candidatou-se ao sacerdócio e apresentou-se às eleições, embora ainda muito moço. Sila, com a sua oposição, fez naufragar essa pretensão; seu desejo era, antes, a morte de César. E, quando seus amigos lhe diziam que não achavam razoável matar um rapaz tão jovem, deu-lhes esta resposta: "Pouco avisados sois em não ver, nesse rapaz, diversos 'Mários". Tendo sabido disso, César resolveu esconder-se; e vagou por muito tempo no território dos sabinos. Uma vez, enquanto, por estar doente, se fazia transportar de noite para mudar de casa, caiu nas mãos de alguns soldados de Sila que andavam em busca naquele lugar e prendiam todos aqueles que ali encontravam escondidos. Conseguiu ser solto, pelo preço de dois talentos que ele deu a Cornélio, chefe desses soldados. Galgou logo a costa marítima, embarcou e retirou-se para a Bitina, onde reinava Nicomedes.

Depois de algum tempo, retornou sua viagem por mar, mas, perto da ilha de Farmacusa, foi preso pelos piratas que, naquela época, infestavam o mar com frotas consideráveis e número infinito de pequenas embarcações. Os piratas pediram-lhe vinte talentos por seu resgate; César riu-se deles, dizendo que não sabiam quem era seu prisioneiro, e lhes prometeu cinqüenta talentos. Enviou, em seguida, os que o acompanhavam a diferentes cidades para recolher a quantia, ficando com um só de seus amigos e dois criados, no meio desses cilicianos, homens por demais sanguinários. Tratava-os com tamanha altivez que, quando queria dormir, mandava que fizessem silêncio. Passou trinta e oito dias com eles, menos como prisioneiro do que como um príncipe cercado de seus guardas. Com uma profunda segurança, jogava e fazia com eles seus exercícios, compunha poemas e arengas, lia-lhes e, se alguns não mostravam interessar-se, gritava-lhes no rosto que eram ignorantes e bárbaros. Ameaçou-os, por várias vezes, brincando, de os mandar enforcar. Eles gostavam desse desembaraço, que se lhes apresentava como uma alegria singela e natural. Quando César recebeu de Mileto seu resgate, e logo que pagara sua liberdade, o primeiro uso que fez desta foi equipar uns barcos do porto de Mileto, para assaltar esses piratas. Surpreendeu-os quando estavam ancorados na baía da ilha, e fê-los prisioneiros quase todos, apoderando-se completamente de seu tesouro. Entregou-os em depósito à prisão de Pérgamo, e foi visitar Júnio, ao qual, como pretor da Ásia, competia castigá-los. Júnio teve nos olhos um relâmpago de cobiça pelo tesouro que era considerável, e declarou que examinaria com vagar o que devia fazer dos detentos. César então deixou o pretor pensar, voltou a Pérgamo, e mandou crucificar todos os piratas, como lhes havia muitas vezes anunciado, na ilha, com ares de pilhéria.

Cícero fala ao Senado.
De Maccari, Senado de Roma.

Algum tempo depois, quando o poder de Sila começava a enfraquecer, seus amigos de Roma convidaram-no a voltar à Itália. César foi a Rodes, para tomar as lições de Apolônio, filho de Molon (32), do qual Cícero havia sido discípulo. Apolônio ensinava retórica com grande êxito e gozava da reputação de homem virtuoso. César, que nascera com as melhores disposições para a eloqüência política, cultivara com extremo cuidado — dizem — esse talento natural. Ocupava, incontestavelmente, o segundo lugar entre os oradores de Roma; renunciara ao primeiro, preferindo a essa glória a superioridade assegurada pelo poder e pelas armas. Distraído por outros cuidados, não alcançou na eloqüência a perfeição que lhe reservava sua própria natureza: dedicou-se unicamente aos trabalhos militares e ao manejo dos negócios políticos, que o elevaram ao supremo poder. Por isso, na sua resposta ao *Catão* de Cícero, muito tempo depois, roga aos leitores que não comparem o estilo de um homem de guerra com o de um orador hábil, que podia ocupar-se com vagar dessa espécie de estudos.

Itália e Roma reconciliam-se. Moeda de prata cunhada em homenagem à Guerra Civil.

Voltando a Roma, acusou Dolabela de peculato no governo de sua província; e diversas cidades da Grécia apoiaram a acusação com seus testemunhos. Todavia, Dolabela foi absolvido. César, para retribuir a boa vontade dos gregos, advogou-lhes a causa, contra Públio Antônio, por eles acusado de malversações, perante Marco Lúculo, pretor da Macedônia. Falou com tamanha eloqüência que Antônio apelou para os tribunos do povo, alegando que não lhe era possível obter justiça, contra os gregos, na própria Grécia.

Em Roma, a eloqüência de César brilhou com vivo esplendor em processos judiciários, criando-lhe logo certa fama. Enquanto, por um lado, sua afabilidade, sua polidez, a graça com que acolhia toda gente, qualidades que ele possuía em grau superior à sua idade, granjeavam-lhe o afeto do povo, por outro, a suntuosidade de sua mesa e sua magnificência no modo de viver aumentaram aos poucos sua influência política. Os invejosos, com a convicção de que, quando lhe faltassem os meios para suprir seus gastos, ele veria eclipsar-se seu poder, não atribuíram importância aos progressos de sua popularidade. Mas, quando esta se fortificou a ponto de não poder ser derrubada, e já tendia visivelmente a arruinar a república, sentiram, demasiado tarde, que não há início tão débil que não possa ser rapidamente aumentado pela perseverança, tirando do próprio desprezo, inspirado por essa fraqueza, a vantagem de não encontrar obstáculos a seus progressos. Cícero foi o primeiro — parece — a suspeitar e a temer a suavidade do trato político de César, como se teme a suspeita da bonança do mar, e a reconhecer, debaixo desse verniz de polidez e cortesia, a perfídia de seu caráter. "Entrevejo — dizia —, em todos os seus projetos e em todas as suas ações, objetivos tirânicos; mas, quando olho seus cabelos tão artisticamente penteados e quando o vejo coçar a cabeça com um só dedo, não posso acreditar que esse homem possa conceber o desígnio tão negro de derrubar a república romana". Trata-se, porém, de palavras pronunciadas bastante tempo depois da época com a qual nos estamos ocupando.

César recebeu a primeira prova de afeição do povo, quando se achou em concorrência com Caio Pompílio para o cargo de tribuno militar: foi o primeiro eleito. Recebeu prova ainda maior por ocasião da morte de Júlia, mulher de Mário, de quem era sobrinho. Falou no Fórum, pronunciando magnífica oração fúnebre; e teve a audácia de fazer trazer, a seu convite, as imagens de Mário, mostradas pela primeira vez depois que Sila, todo-poderoso em Roma, fizera declarar Mário e seus partidários inimigos da pátria. Alguns gritos se elevaram para protestar contra a ousadia de César, mas o povo reagiu com palmas vivíssimas, atestando sua grande satisfação em ver reconduzidas dos infernos, por assim dizer, as honras de Mário por tão longo tempo sepultadas. Desde a mais remota antigüidade, costumava-se em Roma pronunciar discursos fúnebres, em honra das mulheres falecidas em idade avançada; esse costume, porém, não era adotado em relação às mulheres moças. César foi o primeiro a introduzi-lo: pronunciou o discurso fúnebre de sua esposa, que morreu jovem. Essa novidade foi elogiada e ganhou-lhe o favor do público. O povo viu nessa sensibilidade um sinal de costumes honestos e suaves.

Após ter feito as exéquias de sua mulher, acompanhou à Espanha, como questor, o pretor Véter, ao qual ficou depois

Via Ápia, a primeira grande estrada romana.

devotado por toda a vida, nomeando seu filho questor quando ele próprio foi pretor. Na volta da questura, acabando esse cargo, casou-se em terceiras núpcias com Pompéia (33). De Cornélia tinha uma filha que, depois, se casou com Pompeu-o-Grande. Suas grandes despesas faziam acreditar que ele pagasse caro uma glória efêmera e frágil; na realidade, porém, adquiria por baixo preço os bens maiores. Assegura-se que, antes de ter conseguido qualquer cargo, tinha dívidas que orçavam em trezentos talentos. Mas o sacrifício de grande parte de seu patrimônio, quer na intendência das reparações da via Ápia, quer no período de sua edilidade, durante o qual fez combater perante o povo trezentos e vinte pares de gladiadores, bem como a suntuosidade dos jogos, das festas e dos festins que deu, e que obscureciam todas as magnificências de seus predecessores, conquistaram a afeição do povo a ponto de ser retribuído com todo novo cargo e quaisquer novas honras que se imaginassem.

G. Gratteschi. Reconstrução do templo Capitolino (Capitólio).

Roma estava dividida em duas facções, a de Sila, todo-poderosa, e a de Mário, reduzida então a grande fraqueza, esfarrapada, mal ousando mostrar-se. César quis reanimar e realçar o partido de Mário. No tempo em que as magnificências de sua edilidade esplendiam mais vivamente, mandou executar secretamente imagens de Mário, com vitórias trazendo troféus; uma noite, levou-as para o Capitólio. No dia seguinte, quando apareceram na luz essas imagens brilhantes de ouro, essas obras-primas de uma arte acabada, cujos dizeres lembravam as vitórias sobre os cimbros, houve verdadeiro espanto pela audácia de quem as colocara; pois não havia possibilidade de errar acerca do autor desse ato. A notícia espalhou-se, atraindo toda a gente ao espetáculo. César, segundo gritavam alguns, aspirava à tirania, ressuscitando honras sepultadas por leis e decretos públicos. Era — dizem — um ensaio que ele fazia para sondar o instinto popular, já domesticado; para ver se as festas populares que ali dera bastavam para seu projeto de exibição, e se lhe deixariam experimentar-se em jogos semelhantes e tentar inovações tão temerárias. Os partidários de Mário, por seu turno, animaram-se; mostraram-se de repente em multidão imensurável e encheram o Capitólio com o barulho de seus aplausos. Muitos deles, vendo a figura de Mário, derramaram lágrimas de satisfação; todos levantavam César às estrelas: proclamavam-no único digno do parentesco de Mário. O Senado reuniu-se nessa ocasião, e Lutácio Cátulo, o mais acatado de todos os romanos de seu tempo, levantou-se, falou com força contra César, e pronunciou esta frase que ficou célebre: "César já não ataca a república sorrateiramente; ei-lo a armar abertamente suas máquinas". Mas César justificou-se perante o Senado, e seus admiradores conceberam esperanças mais altas ainda; e animaram-no a não diminuir sua altivez. "César vencerá a todos os seus rivais — diziam — pelo favor popular, e ocupará o mais alto posto em Roma".

Enquanto se produziam esses acontecimentos, morreu o grande pontífice Metelo; e a dignidade vaga por sua morte foi disputada com calor por Isáurico e Cátulo, duas das mais ilustres personagens de Roma e que gozavam da maior autoridade do Senado. César não esmoreceu perante tais contendores; apresentou-se ao povo e, por seu turno, sustentou sua candidatura. Aos três rivais não faltavam meios para apoiar suas pretensões. Cátulo, que temia mais do que os outros, pela consideração de que gozava, a incerteza do resultado da luta, mandou oferecer secretamente a César vultosas quantias, para induzi-lo a desistir; mas César respondeu que tomaria emprestado mais dinheiro ainda para empregá-lo nessa batalha. No dia da eleição, sua mãe acompanhou-o em lágrimas até à porta de sua casa. "Minha mãe — disse-lhe César, abraçando-a — verás hoje teu filho ou grande pontífice ou banido". Quando foram recolhidos os sufrágios, houve vivíssimas contestações. Mas, afinal, César venceu; e sua vitória fez temer ao Senado e aos melhores cidadãos que ele instigasse o povo a excessos extremos.

Foi isso que induziu Pisão e Cátulo a censurar Cícero por ter poupado César, que podia ter sido atingido na ocasião da conspiração de Catilina. No programa de Catilina tratava-se não somente da mudança da forma de governo, mas também da destruição da potência romana, sacudindo os alicerces do Estado. Denunciado, na base de indícios vagos, Catilina saiu de Roma antes que todos os seus projetos fossem descobertos; mas deixou Lêntulo e Cétego, para dirigir em seu lugar a conjuração. Não está provado que César os tenha encorajado secretamente, fornecendo-lhes recursos; mas é certo que, tendo sido os dois conjurados levados à presença do Senado e acusados com provas evidentes, e tendo Cícero, então cônsul, perguntado a cada senador sua opinião acerca do castigo que devia ser infligido aos culpados, todos os que falaram antes de César se manifestaram pela condenação à morte. Quanto a César, levantou-se e pronunciou um discurso preparado com todo o cuidado, no qual sustentou não ser conforme nem à justiça nem aos costumes dos romanos, salvo caso de extrema necessidade, mandar matar homens notáveis por sua dignidade e nascimento, sem os submeter a processo regular; que se podia encarcerá-los, com boa guarda, nas cidades da Itália que Cícero escolhesse até que Catilina fosse derrotado; que, depois, com tempo e vagar, o Senado resolveria o que se devia fazer dos acusados (34). Essa opinião, que pareceu mais humana, e que César apoiou com toda a força de sua eloqüência, produziu profunda impressão na assembléia; não somente foi apoiada pelos senadores que falaram depois, mas diversos daqueles que já se haviam manifestado se pronunciaram para consentir. Isso, até ao momento em que Catão e Cátulo tomaram a palavra para dizer sua opinião; ambos se opuseram com decisão à proposta de César, tendo Catão chegado a insistir, sem tergiversações, sobre as suspeitas que havia contra ele, reforçando-as com provas novas. Destarte, os conjurados foram supliciados; e, quando César saiu do Senado, diversos dos moços romanos que serviam então para a guarda de Cícero, lançaram-se contra ele com a espada desembainhada. Curião, porém, cobriu-o com sua toga e deu-lhe o meio de escapar. O próprio Cícero, para o qual esses moços olharam como que para receber ordens, fez-lhes sinal de parar, quer por temor da cólera popular, quer por julgar esse assassínio injusto e contrário às leis. Se o fato é verdadeiro, não sei, porque Cícero nada diz sobre esse propósito na história de seu consulado; mas foi censurado posteriormente por não ter aproveitado ocasião tão favorável de se libertar de César e por ter mostrado sua fraqueza perante a afeição particular com a qual o povo cercava César.

Dinheiro de Júlio César com elefante. Recordação da vitória sobre Ariovisto.

Poucos dias depois, tendo César ido ao Senado para justificar as suspeitas concebidas contra ele, levantou com seus discursos violenta tempestade. Como a assembléia se prolongasse além do limite ordinário, o povo acudiu em multidão, cercou o Senado levantando grandes gritos, e pediu, imperiosamente, que soltassem César. Catão temia uma revolta dos indigentes, que eram os açuladores do povo e haviam posto em César todas as suas esperanças; aconselhou ao Senado a fazer-lhes todos os meses uma distribuição de trigo. E foram sete milhões e quinhentos mil sestércios que pesaram a mais sobre as despesas ordinárias daquele ano. Essa medida dissipou momentaneamente o temor do Senado; enfraqueceu e reduziu muito a influência de César: resultado bastante conveniente se pensarmos que César fora designado pretor e que essa magistratura ia torná-lo ainda mais temível. Entretanto, não houve perturbação alguma durante sua pretoria; mas aconteceu-lhe uma aventura doméstica muito desagradável.

Públio Clódio era um jovem patrício, que se destacava por suas riquezas e por sua eloqüência, mas que não era inferior, por insolência e audácia, a nenhum dos homens mais famosos por sua perversidade. Ele amava Pompéia, mulher de César. Pompéia, por seu turno, não o via com maus olhos; mas seus aposentos eram vigiados com o maior cuidado: Aurélia, mãe de César, mulher de grande virtude, vigiava tão de perto a nora, que os encontros dos dois amantes eram difíceis e perigosos. Os romanos têm uma divindade que a chamam Boa-Deusa, como os gregos têm sua Ginecéia (35). Os frígios reivindicam para si essa deusa, alegando que ela era mãe do rei Midas; mas os romanos afirmam que ela é uma ninfa dríada, já amante do deus Fauno; e os gregos afirmam, por sua vez, que é uma das mães de Baco que não é permitido nomear; é essa, segundo eles, a origem desses ramos de videira com os quais as mulheres cobrem suas tendas durante a festa e desse dragão sagrado que fica — segundo contam — ao pé da estátua da deusa. Durante os mistérios, a nenhum homem é permitido entrar na casa onde são celebrados. As mulheres, retiradas em lugar separado, praticam diversos ritos, semelhantes aos que se observam nos mistérios de Orfeu. Ao chegar o momento da festa, o cônsul ou o pretor sob o qual esta é celebrada sai de sua residência, com todos os homens que estão na sua casa. Sua mulher fica dona e livre na casa, e orna-a com todo o capricho. As principais cerimônias se fazem à noite e, durante essa vigília, há diversões e música. Naquele ano, Pompéia celebrava a festa. Clódio, que ainda era imberbe, julgou poder, com a esperança de não ser reconhecido, apresentar-se disfarçado em costume de tocadora de lira. Acreditaram, com efeito, que fosse uma moça. Tendo achado as portas abertas, foi introduzido sem obstáculo por uma das escravas de Pompéia, que já estava de acordo e que o deixou, para ir avisar a patroa. Como tardasse em voltar, Clódio não ousou esperá-la no lugar onde fora deixado. Ficou, então, perambulando na grande casa, evitando com cuidado as partes iluminadas, quando foi encontrado por uma das camareiras de Aurélia. Esta, julgando que se achava na presença duma pessoa de seu próprio sexo, começou a brincar com ele e a afagá-lo. Ele esquivou-se, e então ela arrastou-o para o meio da sala e perguntou-lhe quem era e donde vinha. Clódio responde que está esperando Abra (este era o nome da escrava de Pompéia), mas a voz o trai. A camareira atira-se, então, para o lado da luz e da gente, gritando que acabava de surpreender um homem nos apartamentos. O espanto difundiu-se entre todas as mulheres; Aurélia manda suspender os ritos e velar os objetos sagrados, dando ordem também de fechar as portas; ela mesma, com tochas, põe-se a revistar todos os cantos da casa. Clódio é encontrado escondido no quarto da moça que o havia introduzido; reconhecido, é expulso ignominiosamente pelas mulheres. Estas saíram da casa imediatamente e foram relatar a seus maridos o que se havia passado.

No dia seguinte, toda a cidade estava cheia do escândalo sacrílego provocado por Clódio. Era preciso — dizia-se — não somente uma reparação plena por parte do culpado, mas também vingar os que tinham recebido pessoalmente a ofensa, assim como a cidade inteira e os deuses. Clódio foi levado perante os juízes por um dos tribunos, com a acusação de impiedade; houve alguns dos principais senadores que falaram com força contra ele e agravaram sua situação com outras acusações horríveis, especialmente a de relações incestuosas com sua própria irmã, mulher de Lúculo. O povo, porém, devido à extrema paixão dessas acusações, mostrou-se favorável ao moço. E isso foi valioso socorro, perante os juízes, que ficaram admirados por essa reação popular, temendo o furor da multidão. César repudiou imediatamente Pompéia; mas, chamado como testemunha contra Clódio, declarou nada saber no tocante aos fatos imputados ao acusado. Essa declaração pareceu estranha. "Por que então — perguntou o acusador — repudiaste tua mulher?". César respondeu: "Porque é preciso que não haja nem suspeitas a respeito de minha mulher". Segundo alguns, César foi sincero; segundo outros, assim procedeu para agradar ao povo, que queria salvar Clódio. Este foi absolvido, mas a maior parte dos juízes deu seu voto servindo-se de um subterfúgio, isto é, não se pronunciaram sobre o caso particular em questão, mas sobre um conjunto de processos ao mesmo tempo, quer para não desagradar ao povo, quer para não ficarem envergonhados com uma absolvição formal.

Coube a César, ao termo de sua pretoria, o governo da Espanha. Seus credores, que não podiam ser pagos, vendo-o prestes a partir, foram gritar com ele, solicitando a satisfação de seus créditos. Ele apelou para o socorro de Crasso, o mais rico dos romanos, que precisava da atividade e do ardor de César, para ser sustentado contra Pompeu, seu rival político. Crasso fez uma combinação com os credores mais difíceis e menos dispostos a concessões, tornando-se fiador por oitocentos e trinta talentos. César pôde, então, partir para assumir seu governo. Dizem que, atravessando

Busto de Alexandre, Pérgamo. Séc. II a.C. Museu Arqueológico, Istambul.

os Alpes, ao passar por uma pequena cidade de bárbaros, povoada por poucos e míseros habitantes, os que o acompanhavam fizeram-lhe, por pilhéria, a seguinte pergunta: "Haverá também aqui contendas por causa dos cargos públicos, rivalidades pela liderança, ciúmes e invejas entre os cidadãos mais poderosos?". Segundo se relata, César respondeu muito seriamente: "Gostaria mais de ser o primeiro aqui do que o segundo em Roma". Durante sua permanência na Espanha, lia ele, em um dia de folga, alguns trechos da história de Alexandre, e caiu, depois dessa leitura, numa meditação profunda, acabando por chorar. Seus amigos, espantados, perguntaram-lhe o motivo de suas lágrimas. "Não vos parece — disse ele — justo motivo de dor que Alexandre, na idade em que eu estou, já tivesse conquistado tantos países, ao passo que eu nada ainda fiz de memorável?" (36). Logo que chegou à Espanha, Entregou-se ao trabalho; e, em poucos dias, recrutou dez coortes, além das vinte que encontrara. Marchou contra os galegos e os lusos, vencendo-os, e avançou até ao mar externo, subjugando países ainda não submetidos aos romanos.

À glória de seus sucessos militares acrescentou a de uma sábia admiração durante a paz: restabeleceu a concórdia nas cidades e esforçou-se, sobretudo, para que acabassem as contendas que surgiam cada dia entre credores e devedores. Ordenou que os credores tirassem, cada ano, duas terças partes das rendas dos devedores, ficando os devedores com a outra terça parte até completo pagamento da dívida. Partiu depois, deixando no país por ele governado um grande renome, tendo acumulado grandes riquezas e assegurado ganhos consideráveis para seus soldados, que o saudaram, na partida, com o título de *imperator*.

O triunfo exigia que ficasse à espera, fora da cidade; e, para candidatar-se ao consulado, era preciso estar presente em Roma. César, entre essas duas leis opostas, pois chegara na véspera das eleições consulares, mandou pedir ao Senado permissão para solicitar o consulado por intermédio de seus amigos, ficando ele fora da cidade. Catão, apoiado na lei, combateu vivamente a pretensão de César; mas, vendo que César conseguira o apoio de diversos senadores, procurou ganhar tempo e empregou um dia inteiro para desenvolver suas razões. César resolveu, então, renunciar ao triunfo e insistir pelo consulado. Entrou em Roma e executou uma manobra pela qual todos, excetuado Catão, foram enganados: tratava-se de reconciliar Crasso e Pompeu, os dois mais poderosos personagens de Roma. César pacificou-os, uniu-os, e, dessa forma, reuniu em si próprio o poder de ambos. Passou despercebida a importância desse fato, aparentemente tão honesto, mas que causou a ruína da república. Com efeito, não foi a inimizade entre César e Pompeu — como geralmente se crê — que deu origem às guerras civis, e sim a amizade

Pompeu, o Grande.
NY Carlsberg, Gliptoteca,
Copenhagem.

que os uniu no começo para derrubar o governo aristocrático e que acabou depois numa irreconciliável rivalidade. Catão, predizendo freqüentemente tal desfecho, adquiriu a reputação de homem difícil e inoportuno e, só mais tarde, de conselheiro prudente, mas infeliz.

Seja como for, César, apresentando-se às eleições com a salvaguarda de Crasso e de Pompeu, foi eleito cônsul com muito esplendor; e deram-lhe como colega Calpúrnio Bíbulo.

Mal entrou no exercício de suas funções, publicou leis dignas, não de um cônsul, mas do mais audacioso tribuno. Propôs, pelo simples móvel de agradar ao povo, divisões de terras e distribuições de trigo. Os principais senadores e os mais honestos opuseram-se vivamente a isso, mas César, que desde muito procurava um pretexto, elevou altos protestos, dizendo que, malgrado seu, empurravam-no para o povo; era a injustiça e a dureza do Senado que o forçavam a simpatizar com a multidão; e sem perda de tempo foi para o Fórum.

Ali, tendo Crasso e Pompeu a seu lado, perguntou-lhes em voz alta se aprovariam as leis por ele propostas; como respondessem afirmativamente, solicitou-lhes que o apoiassem contra os que ameaçavam resistir-lhe de espada na mão. Ambos prometeram-lhe isso; e Pompeu acrescentou que viria armado de espada para defendê-lo contra essas espadas e que o cobriria com seu escudo. Essa linguagem desagradou à aristocracia. Acharam-na pouco conveniente ao respeito que Pompeu devia a si mesmo, às atenções que devia ao Senado, e apenas concebível nos lábios de um moço imprudente; quanto ao povo, teve uma grande satisfação.

César, para assegurar em seu favor, cada vez mais, o poder de Pompeu, deu-lhe como noiva sua filha Júlia, precedentemente noiva de Servílio Sepião; e prometeu a Servílio que o faria casar-se com a filha de Pompeu, que por sua vez não estava livre, sendo noiva de Fausto, filha de Sila. Pouco tempo depois, César casou-se com Calpúrnia, filha de Pisão, e fez designar cônsul o próprio Pisão para o ano seguinte. Catão não se cansava de gritar e protestar em pleno Senado contra a imprudência com a qual se

O Fórum no séc. IV (face nordeste). Gravura de M.F. Hoffbauer, 1905.

prostituía o Estado com esses casamentos, contra esse tráfico de mulheres com o qual um assegurava o governo de uma província, outro o comando de exércitos, outro ainda cargos públicos. Bíbulo, o colega de César, diante da inutilidade de seus esforços para impedir essas leis, e tendo-se arriscado mesmo, como Catão, a ser morto no Fórum, passou o resto de seu consulado fechado em casa. Pompeu, logo depois de seu casamento, encheu de armas o Fórum e conseguiu a ratificação das leis de César por parte do povo. César obteve, durante cinco anos, o governo das duas Gálias: a Cisalpina e a Transalpina, e também da Ilíria, com quatro legiões.

Catão tratou de opor-se a esses decretos. César mandou prendê-lo, com a idéia de que Catão apelaria para os tribunos contra essa ordem; mas Catão deixou-se conduzir à prisão sem nada dizer; e César, vendo que não somente os cidadãos mais elevados mostravam-se revoltados contra essa infâmia, mas também o povo, em sinal de respeito às virtudes de Catão, seguia-o em triste silêncio e mandou dizer ocultamente a um dos tribunos que tirasse Catão das mãos dos litores. Entre todos os senadores, só um pequeno número acompanhava César ao Senado; a maior parte retirou-se, ofendida por sua conduta. Certo Consídio, senador de idade muito avançada, disse-lhe que os senadores se mantinham ausentes por temor de suas armas e de seus soldados. César perguntou então: "E por que o mesmo temor não te fez ficar em casa?". Consídio replicou: "Minha velhice me impede de ter medo, pois a pouca vida que me resta não exige grandes precauções. Mas, de todos os atos de seu consulado, o mais vergonhoso foi o ter nomeado tribuno da plebe o mesmo Clódio que havia desonrado sua mulher e violado as vigílias misteriosas das damas romanas". Tal escolha tinha por fim a ruína de Cícero; e César só partiu para o seu governo depois de ter intrigado Cícero com Clódio e ter feito desterrar Cícero da Itália.

Tal é a narração dos fatos de sua vida anteriores às façanhas nas Gálias. As guerras que se seguiram, aquelas gloriosas campanhas com as quais subjugou as Gálias, abriram-lhe — por assim dizer — outro caminho e deram início a uma segunda vida, a uma nova carreira, na qual ele se mostrou tão grande homem, tão hábil guerreiro, que nenhum dos generais mais admirados por seus talentos militares e de maior fama pôde sobrepujá-lo. Quer o comparemos aos Fábios, aos Cipiões, aos Metelos, quer aos seus contemporâneos, quer aos que vieram pouco antes, com Sila, Mário, os dois Lúculos e o próprio Pompeu,

CUJA GLÓRIA SUBIA ESPLÊNDIDA ATÉ AOS CÉUS (37),

as façanhas de César o colocam acima de todos esses heróis. Sobrepujou um pela dificuldade dos lugares onde guerreou; outro, pela extensão dos países subjugados; este, pelo número e a força dos inimigos vencidos; aquele, pela ferocidade e perfídia dos povos subjugados; aquele outro, pela brandura e clemência para com os prisioneiros; aquele outro, ainda, pelos prêmios e benefícios com que cumulou as tropas; foi, em suma, superior a todos pelo número das batalhas travadas e pela multidão de inimigos mortos. Em menos de dez anos de duração das guerras das Gálias, expurgou mais de oitocentas cidades, subjugou trezentos povos, combateu, em diversas batalhas campais, contra três milhões de inimigos, matou um milhão destes e fez mais de um milhão de prisioneiros. Inspirava em seus soldados uma afeição e um ardor tão elevados que mesmo aqueles que, às ordens de outros chefes e em outras guerras, não passariam de soldados comuns, tornavam-se invencíveis, derrubavam tudo o que encontravam pela frente e arrostavam todos os perigos, quando se tratava da glória de César. Vejamos alguns exemplos disso. Acílio, na batalha naval perto de Marselha, tendo agarrado um barco inimigo, ficou com a mão direita corta-

Moeda com figuração da Gália.

César desembarca na Britânia. Miniatura segundo um dos códices de Marciana.

da por um golpe de espada; não abandonou, porém, seu escudo e, segurando-o com a mão esquerda, bateu os inimigos no rosto, derrubou-os e se apoderou do barco. No combate de Dirraquium, Cássio Ceva, com uma flecha num olho, com dois dardos num ombro e numa coxa, recebeu cento e trinta golpes em seu escudo. Ele chamava os inimigos, como se quisesse render-se. Dois se aproximaram; cortou de um o ombro com um golpe de espada, feriu o outro no rosto e o pôs em fuga. Afinal, socorrido por seus companheiros, teve a sorte de salvar-se. Um dia, na Bretanha, os primeiros centuriões achavam-se atolados em terrenos pantanosos e cheios de água, sendo atacados com vivacidade pelos inimigos. Um soldado de César, aos olhos do comandante, precipita-se sobre os bárbaros, faz prodígios incríveis de valor e salva os oficiais. E, quando vê os bárbaros em fuga, passa depois de todos os demais, com infinitas dificuldades, atravessa aquela correnteza lamacenta e galga a margem oposta, parte a nado, parte em marcha; mas perde o escudo. César, admirado de sua coragem, corre-lhe ao encontro, atestando-lhe a maior alegria; mas o soldado, a cabeça baixa e os olhos molhados de lágrimas, lança-se a seus pés, pedindo-lhe perdão por ter voltado sem escudo. Outra vez, na África, Sepião apoderou-se de um barco de César, no qual estava Grânio Petro, questor designado. Sepião mandou matar toda a tripulação e disse ao questor que lhe concedia a vida. "Os soldados de César — respondeu Grânio — estão acostumados a conceder a vida aos outros, e não a recebê-la". E se matou com um golpe de espada.

César, pessoalmente, favorecia e fomentava esse entusiasmo e essa emulação mediante prêmios e honras que proporcionava. Fazia conhecer o fato de que, em lugar de empregar no luxo e nos prazeres as riquezas que acumulava nas guerras, as guardava como prêmios destinados a recompensar o valor e aos quais todos podiam aspirar, enquanto ele se limitava ao prazer de recompensar o comportamento dos soldados. Expunha-se, aliás, a todos os riscos e não se subtraía a nenhum dos labores da guerra. Esse desprezo do perigo não surpreendia os soldados, que conheciam seu amor pela glória; mas os soldados ficavam admirados pela paciência que mostrava nos trabalhos superiores às suas forças, pois ele tinha a pele branca e delicada, era franzino de corpo, e sofria de enxaquecas e ataques de epilepsia, doença cujos primeiros sintomas — dizem — apareceram em Córdova. Mas, em vez de servir-se da fraqueza de seu temperamento como pretexto para viver na ociosidade, César procurava nos exercícios da guerra um remédio para seus males; combatia-os com marchas forçadas, com um regime frugal, com o hábito de dormir ao ar livre, e acostumava seu corpo a toda espécie de fadiga. Quase sempre dormia numa carruagem ou liteira, para que o seu repouso também servisse para alguma útil finalidade. Durante o dia, visitava as fortalezas, as cidades e os acampamentos, levando consigo um secretário, ao qual ditava tudo durante a viagem, enquanto atrás seguia um soldado armado de espada. Era tão rápido que, a primeira vez que saiu de Roma, chegou em oito dias às margens do Ródano. Desde sua primeira mocidade, acostumou-se a cavalgar, tendo adquirido a faculdade de correr a toda brida com as mãos juntas nas costas. Na guerra das Gálias, exercitou-se em ditar cartas estando a cavalo e a servir-se de dois secretários ao mesmo tempo e até — segundo Ópio — de maior número. Afirma-se também que César foi o primeiro a imaginar a correspondência com seus amigos por meio de cartas, mesmo em Roma, quando negócios urgentes o impossibilitavam de encontrá-los ou quando a multiplicidade de suas ocupações e a extensão da cidade não lhe davam tempo para isso.

Eis uma prova notável da simplicidade dos seus hábitos. Uma vez, Valério Leo, de quem ele era hóspede em Milão, ofereceu-lhe uma ceia. Foi servido um prato de aspargos temperados com gordura de mau cheiro, em vez de azeite. Ele comeu como se não percebesse e censurou seus amigos que mostravam em voz alta seu descontentamento. "Não vos bastava — disse-lhes — não comer, se vós não os julgáveis bons? Fazer notar essa falta do hospedeiro é uma falta de educação de vossa parte". Surpreendido, durante uma viagem, por violento furacão, precisou procurar abrigo na cabana de um pobre homem onde não havia senão pequeno quarto suficiente apenas para uma pessoa. "É preciso — disse ele a seus amigos — ceder aos grandes os lugares melhores; mas é ainda mais necessário deixá-los aos doentes". E fez com que Ópio se deitasse naquele quarto. Quanto a ele, passou a noite com os outros, debaixo do telhado do alpendre, diante da porta.

Os primeiros povos com os quais teve de se encontrar nas Gálias foram os helvécios e os tigurinos, os quais haviam queimado as doze cidades e as quatrocentas aldeias que lhes pertenciam; eles avançavam, para atravessar a parte das Gálias já submetida aos romanos, como outrora os cimbros e os teutões e — parece — não menos temíveis, pela audácia e pelo número; eram trezentos mil homens, dos quais noventa mil em condições de combater. César não marchou pessoalmente contra os tigurinos; enviou em seu lugar Labieno, que os desbaratou nas margens do Arar. Ele conduzia seu corpo de exército para uma cidade aliada, quando os helvécios caíram-lhe em cima imprevistamente. Apressou a marcha e se pôs a coberto em lugar próprio, onde reuniu suas tropas e as ordenou em batalha. Quando lhe levaram o cavalo que devia montar, disse: "Servir-me-ei dele após a vitória, para perseguir os fugitivos; agora, marchemos contra os inimigos". E foi atacá-los a pé. Foi a muito custo e empregando bastante tempo que conseguiu fazer ceder os batalhões inimigos; mas o mais rude esforço foi para se apoderar do acampamento deles. Além de formarem, com as carruagens, um entrincheiramento onde estavam reunidos os que César havia posto em fuga, as crianças e as mulheres defenderam-se encarniçadamente, e todos se fizeram matar; o combate só terminou noite alta. César engrandeceu o esplendor dessa vitória com um ato ainda mais glorioso: reuniu todos os bárbaros que escaparam ao massacre e os fez regressar ao país por eles abandonado, a fim de reconstruírem as cidades que haviam destruído; e eram mais de cem mil. Seu intuito era impedir que os germanos passassem o Reno e ocupassem esse país sem habitantes.

A segunda guerra empreendida por César teve como objetivo a defesa dos celtas contra os germanos. Pouco antes, fizera reconhecer como aliado dos romanos Ariovisto, seu rei; mas eram vizinhos insuportáveis para os povos já submetidos por César; nem se podia duvidar que, na primeira ocasião, eles sairiam de seu território para estender seus domínios invadindo o resto da Gália. César percebeu que seus oficiais, especialmente os mais moços e mais nobres, que o acompanhavam somente com a esperança de enriquecer e viver bem, tremiam à idéia de tal guerra. Convocou-os e disse-lhes que podiam abandonar o serviço. "Covardes e frouxos como sois — acrescentou — por que vos arriscardes contra a vontade? Preciso apenas da décima legião para atacar os bárbaros, pois os bárbaros não são inimigos mais terríveis que os cimbros e eu não sou um general pior do que Mário". A décima legião, lisonjeada por essa prova de estima, enviou-lhe alguns oficiais, para atestar-lhe sua gratidão. As outras legiões desconheceram seus chefes; e todos, com o mesmo ardor e a mesma disciplina, acompanharam César durante diversas jornadas e foram acampar à distância de duzentos estádios do inimigo. Sua chegada reduziu bastante a audácia de Ariovisto, que, em lugar da sua suposição de que os romanos não sustentariam o ataque dos germanos, os via precipitarem-se contra ele inesperadamente; surpreendeu-o a audácia de César e percebeu que este lançara a desorientação no seu exército. O que, porém, mais desanimou os germanos foram as predições de suas sacerdotisas, mulheres que pretendiam adivinhar o futuro pelo ruído das águas, pelos turbilhões que as correntes fazem nos rios: proibiam que se travasse batalha antes da lua nova. César, informado desse fato, e vendo os bárbaros em repouso, achou preferível atacá-los nesse estado de abatimento, em vez de ficar também ele inativo à espera do momento favorável. Vai, então, atacá-los até perto de seus entrincheiramentos e nas colinas onde acampam. Irritados com essa provocação, os bárbaros nada mais escutam senão sua própria cólera e descem na planície para combater. Sua derrota foi completa; e César, perseguindo-os até às margens do Reno, num percurso de trezentos estádios, cobriu toda a planície de mortos e despojos. Ariovisto, que fora dos primeiros a fugir, atravessou o Reno com um pequeno número dos seus. Dizem que houve oitenta mil mortos na batalha.

Terminadas essas duas guerras, César fez descansar suas tropas nos quartéis de inverno no país dos séquanos e, para vigiar de perto o que acontecia em Roma, desceu à Gália Circumpadana, que pertencia a seu governo, pois é o Rubicão o limite entre a Gália Cisalpina e o resto da Itália. Durante sua permanência ali, aumentou bastante o número de seus partidários. Iam visitá-lo em multidão; e ele, com liberdade, dava a cada um o que lhe pedia; voltaram todos carregados de presentes ou cheios de esperanças. Durante essa guerra, Pompeu não duvidou que César, ao mesmo tempo que vencia os inimigos com as armas dos romanos, conquistava os romanos com o dinheiro dos inimigos.

Nesse ínterim, César foi informado de que os belgas, os mais poderosos entre os celtas, haviam-se revoltado e armado um numeroso exército. Voltou, então, rapidamente e precipitou-se sobre os inimigos, quando estes invadiam as terras dos aliados de Roma; derrotou todos os que se haviam reunido e que se deixaram vencer covardemente; matou um número tão grande que os romanos, ao atravessarem os pântanos e os profundos ribeiros, pisavam nos corpos que neles se encontravam. Quanto aos rebeldes das legiões do litoral oceânico, renderam-se sem combate.

César conduziu seu exército contra os nérvios, os mais selvagens e belicosos entre os belgas, que habitavam um território coberto de florestas espessas, no fundo das quais tinham abrigado, o mais longe possível do inimigo, suas famílias e riquezas. Chegaram em número de sessenta mil, lançando-se inopinadamente contra César, quando este, entregue à construção de trincheiras, não podia esperar a batalha. A cavalaria romana foi derrotada no primeiro encontro. Depois, os bárbaros envolveram a décima segunda e a sétima legiões, massacrando todos os oficiais; e, se César, servindo-se do escudo dum soldado e abrindo caminho através dos que combatiam diante dele, não se tivesse atirado sobre os bárbaros, e se a décima legião não tivesse acudido do alto da colina onde estava e não tivesse penetrado nas linhas inimigas, nenhum romano teria se salvado. Mas, animados pela audácia de César, os romanos combateram com coragem superior às suas forças. Todavia, não conseguiram pôr em retirada os nérvios; foi preciso massacrá-los a machado no mesmo lugar em que se achavam. Dos sessenta mil que eram os inimigos, só se salvaram — dizem — uns quinhentos; e dos quatrocentos senadores, só escaparam três.

Tendo recebido a notícia desse extraordinário triunfo, o Senado romano resolveu mandar fazer, durante quinze dias, sacrifícios e festas públicas. Nunca nenhuma vitória foi tão solenemente celebrada; mas o levante simultâneo de tantos povos mostrara a grandeza do perigo; e a afeição do povo dava mais esplendor à vitória, pois era César que tinha

Banquete em relevo e sarcófago. Museu do Vaticano.

vencido. Sabe-se, com efeito, que todos os anos, depois de pôr em dia os negócios da Gália, César ia passar o inverno nos arredores do rio Pó, para não desleixar completamente os negócios de Roma. Não se limitava a fornecer aos candidatos o dinheiro necessário para corromper o povo e, destarte, aumentar o número de seus partidários, que por sua vez empregavam toda a sua influência para aumentar o poder de César; recebia em Luca os mais ilustres e destacados cidadãos romanos, como Pompeu, Crasso, Ápio, governador da Sardenha, e Nepos, cônsul da Espanha; assim, encontravam-se ali, às vezes, até cento e vinte litores, com feixes, e mais de duzentos senadores.

Foi ali que teve lugar um conselho, no qual foi resolvido que Crasso e Pompeu seriam designados cônsules para o ano seguinte; que seria confirmado a César por mais cinco anos o governo das Gálias, sendo-lhe para isso fornecido o dinheiro necessário. Essas medidas provocaram a reação de todas as pessoas sensatas de Roma, pois aqueles a quem César dava dinheiro obrigavam o Senado a dar-lho como se ele não o tivesse, ou melhor, faziam pressão sobre o Senado, que, por sua parte, lastimava seus próprios decretos. É verdade que Catão não estava, pois o haviam enviado astuciosamente a Chipre. Favônio, imitador zeloso de Catão, tratou de opor-se a esses decretos e, vendo a inutilidade de seus esforços, lançou-se fora do Senado e foi para a Assembléia popular protestar altivamente contra essas leis. Mas ninguém lhes prestou atenção. Alguns se calavam em atenção a Pompeu e a Crasso; quase todos queriam agradar a César e se conservavam tranqüilos, pois viviam das esperanças nele depositadas.

Voltando às Gálias, César encontrou o país numa guerra encarniçada. Dois grandes povos da Germânia, os usipes e os tenteres, haviam atravessado o Reno para ocupar as terras situadas além do rio. Em sua *Efemérides*, falando na batalha contra os bárbaros, César escreveu que estes, depois de enviarem embaixadores e combinarem uma trégua com ele, não se abstiveram de atacá-lo em caminho: com oitocentos cavaleiros somente, puseram em fuga cinco mil homens de sua cavalaria, que não esperavam o ataque. Enviaram-lhe outros embaixadores com o intuito de enganá-lo novamente; mas César mandou prendê-los e marchou contra os bárbaros, julgando que seria estupidez agir de boa-fé com homens que não observavam os pactos. Canúsio diz que o Senado decretou sacrifícios e festas por essa vitória, mas que Catão declarou que era preciso entregar César aos bárbaros, para poupar a Roma o castigo merecido pela infração da trégua, de modo que a maldição caísse sobre o seu autor.

Dessa multidão de bárbaros que atravessara o Reno, quatrocentos mil foram destroçados; escapou apenas um pequeno número, hospedado pelos sicambros, povo germânico. César serviu-se desse pretexto para satisfazer sua paixão pela glória; pela ambição de ser o primeiro general capaz de atravessar o Reno com um exército, construiu uma ponte sobre esse rio, que é muito largo e cujas águas são de grande extensão. No lugar escolhido por César, a rápida correnteza arrastava com violência troncos de árvores e fragmentos de madeira que se abatiam contra as estacas que sustentavam a ponte e as quebravam. Para diminuir a violência dos golpes, César mandou cravar, no meio do rio, mais acima da ponte, umas grossas vigas de madeira, que quebravam a violência da correnteza e protegiam a ponte; afinal, fez uma obra que ultrapassava toda a expectativa; essa ponte foi construída e acabada inteiramente em dez dias. Seu exército passou por ela, sem que ninguém ousasse opor-se. Os suevos, que eram os mais belicosos entre os germanos, também se retiraram para os vales profundos e cobertos de bosques. César incendiou o país deles, reanimou as populações devotadas desde muito tempo ao partido dos romanos, e voltou à Gália, tendo ficado apenas dezoito dias na Germânia. A expedição contra os bretões foi uma prova de sua maravilhosa audácia. Foi ele o primeiro a penetrar com uma frota no oceano ocidental e a transportar um exército através do Atlântico, para fazer a guerra. Essa ilha, cuja existência era posta em dúvida, em virtude da extensão que se lhe atribuía, e que se tornara objeto de contestações entre muitos historiadores, que afirmaram que ela nunca existiu, não passando de mera fábula tudo o que dela se dizia, inclusive o seu próprio nome, César tentou conquistá-la, levando além da terra habitável os limites do império romano. Por duas vezes, passou ao lado oposto da Gália; e, nas diversas batalhas travadas, fez muito mal aos inimigos, sem tirar vantagens para os seus, pois aquele povo vivia pobre e miseravelmente. A expedição não teve o êxito que César esperava: ele recebeu apenas reféns do rei, impôs-lhe um tributo e voltou à Gália. Ali foram-lhe entregues cartas com as quais seus amigos de Roma lhe comunicavam o falecimento de sua filha, morta de parto, em casa de seu marido Pompeu. Esse acontecimento

Estátua de um general. Museu Nacional, Roma.

foi causa de viva dor, para César e Pompeu, cujos amigos ficaram apreensivos, receando que essa morte rompesse uma aliança que assegurava a paz e a concórdia na república, comprometida também por outros perigos; além disso, a criança que Júlia dera à luz morreu poucos dias depois de sua mãe. O povo, malgrado as oposições dos tribunos, apoderou-se do cadáver de Júlia e o enterrou no Campo de Marte.

César foi obrigado a dividir em diversos corpos o numeroso exército que comandava, distribuindo-o em diversos aquartelamentos para passar o inverno; depois, conforme seu hábito, pôs-se a caminho da Itália. Toda a Gália tornou a revoltar-se; exércitos consideráveis iniciaram nova campanha, forçaram os quartéis dos romanos e trataram de apoderar-se de seu acampamento. Os mais numerosos e poderosos entre os rebeldes, comandados por Ambidix, precipitaram-se sobre as legiões de Cota e de Titúrio, desbaratando-as. Foram, depois, com sessenta mil homens, sitiar a legião comandada por Cícero (38); e por um triz seus entrincheiramentos não foram tomados de assalto: todos os soldados ficaram feridos, embora se defendessem com coragem superior às suas forças. César, que se achava a grande distância, informado do que acontecera, voltou precipitadamente; e, tendo apenas reunido sete mil homens, marchou aceleradamente para libertar Cícero. Os sitiantes, aos quais essa marcha não ficara oculta, abandonaram o sítio e foram ao seu encontro, desprezando o pequeno número de seus soldados e certos da vitória. César, para enganá-los, executou uma retirada simulada, até encontrar um lugar que lhe permitisse enfrentar com poucos soldados um exército tão numeroso; e ali se fortificou. Proibiu a seus soldados qualquer combate, levantou entrincheiramentos e fechou as portas, como se estivesse com medo. Esse estratagema, que tinha por fim atrair sobre si o desprezo dos bárbaros, teve êxito. Os gauleses, cheios de confiança, atacaram-no separados e em desordem; então, César fez sair sua tropa e, lançando-a contra eles, os pôs em fuga, fazendo grande carnificina.

Essa vitória acabou com os levantes naquela região, e César, para prevenir novas intentonas, durante o inverno, ia para toda parte onde se temesse alguma novidade. Chegaram da Itália três legiões para substituir as que havia perdido: duas lhe foram emprestadas por Pompeu; a terceira foi recrutada na Gália Circumpandana. Apesar dessas precauções, viram, de repente, desenvolver-se, em vários lugares, germes de revolta, secretamente espalhados desde muito pelos chefes mais poderosos dos povos mais belicosos; daí nasceu a mais perigosa guerra travada naquela região. Tudo contribuía para que se tornasse terrível: uma mocidade forte e numerosa; uma imensa quantidade de armas; consideráveis recursos pecuniários acumulados pela contribuição comum; as fortificações dos inimigos, os lugares íngremes, onde estes estabeleceram seus abrigos. De outro lado, estava-se no período mais rigoroso do inverno: as ribeiras estavam geladas; as florestas, cobertas de neve; os campos, inundados, como se fossem torrentes; as estradas, ou sepultadas debaixo da neve ou reduzidas a pântanos irreconhecíveis. Os rebeldes nem pensavam que podiam ser atacados por César nessas condições. Muitas populações estavam em revolta; as mais consideráveis eram os averniates e os carnutos. Havia sido investido de todo o poder militar Vercingetórix, cujo pai fora massacrado pelos gauleses, que suspeitavam que ele aspirasse à tirania. Vercingetórix dividiu seu exército em diversos corpos, nomeou diversos comandantes, e fez entrar em linha todos os povos das proximidades, até ao Arar. Seu plano consistia em levantar em armas toda a Gália, ao mesmo tempo que se preparava um levante contra César em Roma. Com efeito, se Vercingetórix tivesse adiado sua empresa até ao momento em que César se encontrou a braços com a guerra civil, sem dúvida teria enchido de terror a Itália, como já outrora haviam feito os cimbros. Nessa circunstância, César, que aproveitava todas as vantagens que a guerra lhe podia oferecer, e sobretudo sabia utilizar o tempo, logo que esteve a par da revolta, levantou os acampamentos e marchou contra o inimigo. Passou pelos mesmos caminhos que já tinha percorrido, mostrando aos bárbaros, com sua marcha impetuosa num inverno tão rigoroso, que eles estavam diante de um exército invencível ao qual nada podia resistir. E, enquanto era incrível que um simples mensageiro chegasse em tão pouco tempo do lugar de onde César partira, viram-no chegar com todo o seu exército, pilhando-os e assolando-lhes o país, destruindo-lhes as fortalezas, e recebendo os que se rendiam.

Júlio César. Busto em basalto negro. Museu do Estado, Berlim.

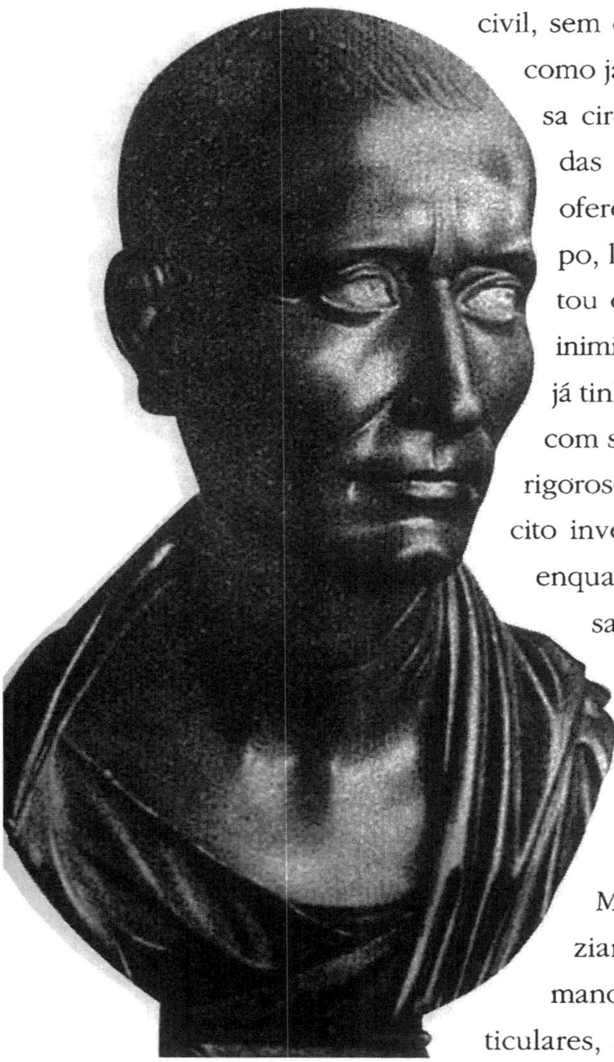

Mas, quando os éduos, que então se diziam irmãos dos romanos e que pelos romanos haviam sido tratados com honras particulares, se declaram contra César e se uniram com os revoltados, o desânimo espalhou-se nas tropas romanas. César foi obrigado a levantar os acampamentos que tinha estabelecido no território deles e a atravessar o país dos lingões, para entrar no dos séquanos, aliados dos romanos que se achavam mais perto da Itália do que do resto da Gália. E ali, cercado de inimigos, envolvido por um exército imensurável, César ataca com tamanho vigor que, depois de um longo e sangrento combate, sai vitorioso em toda a linha e põe em fuga os bárbaros. Todavia, no começo — parece —, teve algum insucesso, pois os avernos conservam uma espada pendurada num templo, como despojo tomado a César. O próprio César viu essa espada mais tarde e se limitou a sorrir: seus amigos insistiam para que a fizesse tirar; ele, porém, não o quis, considerando-a coisa sagrada.

Quase todos os que se salvaram com a fuga retiraram-se, com seu rei, para a cidade de Alésia. César sitiou-a: pela altura de suas muralhas e a quantidade de soldados que a defendiam, a cidade era considerada como inexpugnável. Durante o sítio, César se viu exposto a um perigo de que não se pode dar exata idéia com palavras. Os mais bravos entre todos os povos da Gália reuniram-se, em número de trezentos mil, e foram em socorro de Alésia; quanto aos combatentes que estavam na cidade não eram de número inferior a setenta mil. César, cercado e envolvido por dois exércitos tão poderosos, foi obrigado a fortificar-se com duas muralhas, uma contra os da cidade, outra contra os que sobrevinham: se os dois exércitos conseguissem juntar-se, César estaria perdido. Por isso, o extremo perigo ao qual esteve exposto perto de Alésia valeu-lhe, por diversos títulos, uma glória merecida, pois jamais mostrara, em nenhuma batalha, provas mais assinaladas de sua audácia e habilidade. Mas o que é particularmente admirável é que os sitiados só souberam que César havia combatido contra tantos milhares de homens depois de terem sido derrotados, e o mais surpreendente é que os romanos que protegiam a circunvalação interna do lado da cidade só se aperceberam da vitória de César pelos gritos dos habitantes de Alésia e pelos gemidos de suas mulheres, pois os sitiados viam dos dois lados da cidade uma quantidade imensa de escudos ornados de ouro e de prata, de couraças ensangüentadas, de louças e de tendas gaulesas. E foi assim que esse exército formidável se dissipou e desapareceu, com a rapidez de um fantasma ou de um sonho, quase todos tendo perecido no combate. Os sitiados, depois de terem sido causa de muito mal para si próprios e de muito mal também para César, renderam-se. Vercingetórix, alma de toda essa guerra, vestiu-se com sua melhor armadura e saiu da cidade sobre um cavalo ornado com magnificência; em seguida, depois de ter feito seu cavalo dar voltas em torno de César, que estava sentado no assento próprio de sua magistratura, saltou no chão, despiu-se de todas as armas e foi colocar-se aos pés de César, ficando calado. César deixou-o sob a guarda dos soldados, reservando-o para o triunfo.

Desde muito, César resolvera arruinar Pompeu, como Pompeu, de seu lado, resolvera destruir César. Crasso, o único adversário que podia tomar o lugar do vencido, havia perecido no país dos partos; só restava, pois, a César, para elevar-se ao primeiro posto, derrubar quem o ocupava, e só restava a Pompeu, para evitar sua própria ruína, desfazer-se de quem ele temia. Mas não fazia muito tempo que Pompeu começara a se preocupar com o poder de César;

olhava para ele como para pessoa pouco temível, persuadido de que lhe seria difícil perder quem ele próprio havia enaltecido. César, que desde o início estava decidido a destruir todos os seus rivais, fora, como um atleta, preparar-se longe da arena: adestrara-se nas guerras da Gália e havia aguerrido suas tropas, aumentado sua glória com suas façanhas e igualado os feitos de Pompeu.

Esperava apenas o pretexto para atacar; e o pretexto lhe foi fornecido pelo próprio Pompeu e pelas circunstâncias, assim como pelos erros do governo. Viam-se, em Roma, os que se candidatavam aos cargos públicos instalarem bancas onde despudoradamente compravam os votos; e os cidadãos, pagos com esse dinheiro, iam à assembléia, não para dar simplesmente seus votos de quem os havia comprado, mas para sustentar sua candidatura à força de dardos, espadas e fundas. Por mais de uma vez, não saíram do Fórum senão depois de terem mancha-

Moeda com retrato de Pompeu. Navio representando a frota pompeiana.

do a tribuna com o sangue e o assassínio; e a cidade ficava presa da desordem como um navio sem leme, abandonado às correntezas. Havia pessoas de bom senso que consideravam possível e melhor a monarquia do que esse estado violento de loucura e agitação. Muitos chegavam mesmo a dizer abertamente que o único remédio para os males que afligiam a república era o poder de um só, e que esse remédio devia ser dado pela mão do médico mais suave; e isso indicava claramente Pompeu. Em seus discursos, Pompeu dava a entender que não queria o poder absoluto, mas todos os seus atos tendiam à ditadura. Catão adivinhou seu projeto, e aconselhou ao Senado a sua nomeação como único cônsul, a fim de que, satisfeito com uma forma de monarquia mais conforme com as leis, não instituísse pela força a ditadura. O Senado aceitou o conselho e, ao mesmo tempo, confirmou a Pompeu os dois governos que ele exercia, o da Espanha e o da África; ele os administrava por intermédio de lugar-tenentes e mantinha, pagos pelo tesouro público, exércitos cuja despesa subia a mil talentos por ano.

Quando recebeu essa notícia, César não perdeu tempo em pedir o consulado e um prolongamento análogo para seus governos. Pompeu, a princípio, silenciou, mas Marcelo e Lêntulo, que odiavam a César, propuseram que tais pretensões fossem rejeitadas e, para aviltar César, a uma atitude justificável acrescentaram outras que não o eram. Desnacionalizaram os habitantes de Novocoma (39), que César havia pouco fundara na Gália. Marcelo, sendo cônsul, mandou vergastar um dos senadores daquela cidade, que se achava em Roma de viagem, e disse-lhe que lhe deixava gravados nas costas esses sinais de ignomínia para que se lembrasse de que não era romano; e, se não estivesse satisfeito, podia ir mostrá-los a César. Depois do consulado de Marcelo, César prodigalizou os tesouros acumulados na Gália em favor de todos os que participavam das responsabilidades do governo. Pagou as dívidas do tribuno Curião, bastante avultadas; deu mil e quinhentos talentos ao cônsul Paulo, que empregou essa quantia para construir a célebre basílica edificada para substituir a de Fúlvio. Então, Pompeu, assustado com esses manejos, decidiu-se a agir abertamente, quer pessoalmente quer por intermédio de amigos, com o fito de obter a nomeação de um sucessor para César, e pediu a este a restituição das duas legiões que lhe emprestara para a guerra das Gálias. César atendeu-o imediatamente, enviando-lhe esses soldados, mas dando a cada um duzentos e cinqüenta dracmas.

Os oficiais que reconduziram esses soldados a Pompeu espalharam ao povo boatos desfavoráveis a César e iludiram Pompeu com vãs esperanças, garantindo-lhe que o exército de César o desejava como chefe; que, se em Roma a oposição dos invejosos e os desmandos do governo dificultavam seus projetos, o exército das Gálias lhe era, ao contrário, completamente fiel; que, logo que regressasse aquém dos montes, esse exército se poria às suas ordens. "César — acrescentavam — tornou-se odioso, devido às suas campanhas incessantes! César tornou-se suspeito, pelo temor de vê-lo aspirar à monarquia!". Essas palavras de tal forma reconfortaram Pompeu que ele nem pensou em recrutar novas milícias, julgando que não havia que recear e limitando-se a hostilizar as pretensões de César com discursos e opiniões. Ora, com isso César pouco se importava. Assegura-se que um de seus centuriões, por ele enviado a Roma, estando à porta do Conselho e tendo ouvido que o Senado recusava a César a continuação de seus governos, exclamou, batendo com a mão na guarda da espada: "Eis quem lha dará".

Contudo, a petição feita em nome de César revestia-se de um nobre aspecto de justiça: propunha-se ele depor as armas se o mesmo fizesse Pompeu. Voltando cada qual à situação de simples particulares, esperariam as resoluções de seus concidadãos sobre as honras que lhes caberiam; mas, privá-lo do seu exército, deixando a Pompeu o seu, era acusar um de aspirar à tirania e dar ao outro os meios de alcançá-la. As ofertas que Curião fazia em nome de César foram acolhidas pelo povo com palmas unânimes; foram até atiradas a Curião coroas de flores, como a de um atleta vencedor. Antônio, um dos tribunos da plebe, levou à Assembléia uma carta de César, na qual se falava nessas dificuldades, e a carta foi lida apesar da oposição dos cônsules. Cipião, sogro de Pompeu, propôs que, se César, em dia determinado, não depusesse as armas, fosse declarado inimigo público. Os cônsules põem em votação, primeiro, se Pompeu deve dispensar suas tropas, e, depois, se César deve dispensar as suas. Houve poucos votos para a primeira resolução, e a quase-totalidade para a segunda. Antônio tornou a propor que ambos renunciassem ao comando, e essa opinião foi adotada por unanimidade; mas as violências de Cipião e os clamores do cônsul Lêntulo, que gritava que contra um bandido eram necessárias armas e não decretos, obrigaram os senadores a anular a resolução tomada, e os cidadãos, levados ao desespero por esse desacordo, cobriram-se de luto.

Pouco depois, chegou outra carta de César, que parecia ainda mais moderada; oferecia o abandono de tudo, sob a con-

Pompeu entre seus soldados. Miniatura medieval. Biblioteca Nacional de Paris.

dição de lhe darem o governo da Gália Cisalpina e o da Ilíria, com duas legiões, até que ele pudesse obter um segundo consulado. O orador Cícero, que acabava de chegar da Cilícia e procurava aproximar os dois partidos, esforçava-se por tornar Pompeu mais razoável. Pompeu, aceitando os outros dois pedidos de César, não queria deixar-lhe os soldados. Cícero persuadiu os amigos de César a se contentar com os dois governos e com seis mil homens de tropas, concluindo um acordo sobre essas bases. Pompeu cedia e já se dispunha a aceitar essa proposta, quando o cônsul Lêntulo rejeitou-a peremptoriamente; ultrajou Antônio e Curião, expulsando-os com escândalo do Senado. Era dar a César o mais especioso de todos os pretextos; e César serviu-se disso com êxito para irritar seus soldados, mostrou-lhes que homens de destaque, magistrados romanos, eram levados a ponto de fugir vestidos de escravos, em carruagem de aluguel; e, de fato, foi assim que eles saíram de Roma, com medo de serem reconhecidos.

César não tinha consigo senão cem cavaleiros e cinco mil homens a pé. Deixara além dos Alpes o resto do exército; e os que ele enviara para ir buscá-lo ainda não haviam chegado. Viu, porém, que o começo da empresa e o primeiro ataque não exigiam tanto quantidade de homens quanto a celeridade e a audácia de um golpe de força que surpreendesse seus inimigos; e verificou, também, que lhe seria mais fácil aterrorizá-los, precipitando-se sobre eles, quando menos esperassem, do que vencê-los por meio de grandes preparativos. Ordenou, então, que seus tribunos e centuriões só se armassem de espada e se apoderassem de Arimino, importante cidade da Gália, sem matar ninguém e, no limite do possível, sem fazer barulho. Delegou a

César fala a seus soldados. Tapeçaria renascentista. Berna.

Hortênsio a chefia do exército, e passou o dia em público, assistindo a um espetáculo de gladiadores; depois, ao anoitecer, tomou um banho, passando em seguida para a sala de jantar, onde ficou algum tempo com os que havia convidado para cear. Ao anoitecer, levantou-se da mesa, recomendando aos convivas que se divertissem, à espera do seu regresso, que seria breve. César determinara a alguns de seus amigos que o seguissem, não todos juntos, mas cada um por um caminho diferente; e, fazendo-se transportar por uma carruagem de aluguel, tomou direção diversa da que queria, para depois voltar e dirigir-se para Arimino. Chegando à margem da ribeira que separa a Gália Cisalpina do resto da Itália, deteve a marcha, atingido de repente pela emoção causada pela grandeza e audácia de seu empreendimento e refletindo sobre o perigo que se aproximava. Imóvel longamente no mesmo lugar, mediu, em profundo silêncio, as resoluções diferentes que se apresentavam a seu espírito; pesou, uma por uma, as possibilidades contrárias, e mudou diversas vezes de opinião. Conversou também bastante com os amigos que o acompanhavam, entre os quais estava Asinio Polião. Avaliou todos os males que a passagem do Rubicão podia acarretar e pensou no julgamento que esse fato teria na história. Afinal, foi vencido pela paixão. Repelindo os conselhos da razão, precipita-se cegamente no futuro e pronuncia as palavras que são o prelúdio comum das empresas difíceis e arriscadas: "A sorte está lançada!". Atravessa imediatamente a ribeira e avança tão rapidamente que chega a Arimino antes da madrugada e se apodera da cidade. Conta-se que, na noite que precedeu a passagem do Rubicão, tivera um sonho sinistro: pareceu-lhe ter tido relações incestuosas com sua mãe.

A tomada de Arimino abriu a guerra, por assim dizer, a largas portas, na terra e no mar; César, ultrapassando os limites de seu governo, pareceu transgressor de todas as leis de Roma. Já não eram somente, como nas guerras precedentes, homens e mulheres a correrem perdidos pela Itália: dir-se-ia que cidades inteiras saíam de seu lugar em fuga transportando-se para outro. Roma foi como que inundada por um dilúvio de populações diversas que ali se refugiavam de toda a parte; e, nessa agitação, nessa violenta tempestade, não era possível a magistrado algum contê-la nem pela razão nem pela autoridade: por um triz não se destruiu a si mesma com suas próprias mãos. Em toda a parte, eram paixões desenfreadas e movimentos convulsivos; os próprios partidários de César não tinham sossego: encontrando a cada passo, na enorme cidade, pessoas aflitas e inquietas, insultavam-nas orgulhosamente, e as ameaçavam para breve. Pompeu, surpreendido por essa inesperada situação, estava apreensivo pelas palavras que ouvia pronunciar a todo momento. Fora justamente castigado, segundo uns, por ter levantado César contra si próprio e contra a república; acusavam-no outros por ter rejeitado as condições razoáveis com as quais César declarou contentar-se e por tê-lo abandonado aos ultrajes de Lêntulo. "Bate então a terra com teu pé" — disse-lhe Favônio, recordando que um dia Pompeu, em pleno Senado, vangloriando-se, declarara aos senadores que não se preocupassem, e acrescentara: "Que César se ponha em marcha! Eu só hei de bater o pé no chão, para encher a Itália de legiões".

Seja como for, Pompeu, naquele momento, era ainda superior a César pelo número de seus soldados; mas não o deixavam um instante livre de regular-se segundo seu sentimento: as notícias falsas que lhe davam, os pavores que, incessantemente, lhe inspiravam, como se o inimigo já estivesse às portas de Roma e senhor da situação, obrigavam-no, afinal, a ceder e a deixar-se arrastar, como que por uma torrente, pela fuga geral. Ele declarou, então, que havia perigo público; e abandonou a cidade, ordenando ao Senado

Legionários romanos (detalhe num relevo de sarcófago). Museu Novo Capitólio, Roma.

que o seguisse e intimando a todos os que preferiam sua pátria e a liberdade à tirania a proibição de ficar em Roma. Os cônsules fugiram sem nem mesmo ter feito os sacrifícios do costume. Quase todos os senadores também, levando consigo tudo o que puderam, como se se tratasse de um despojo tomado aos inimigos; também houve quem, embora desde o início pertencesse ao partido de César, perdesse a cabeça no momento de pânico e, sem necessidade alguma, se deixasse arrastar pela torrente dos fugitivos.

Era um espetáculo digno de compaixão ver a cidade assolada por essa tempestade terrível, abandonada como um barco sem piloto, largada à ventura. Mas, embora fosse lastimável essa derrota, os cidadãos viam a pátria no exílio, por causa do seu apego a Pompeu, e abandonavam Roma como se fosse o campo de César. O próprio Libieno, um dos mais íntimos amigos de César, que fora seu lugar-tenente, e que se havia comportado em todas as guerras das Gálias com zelo e bravura, abandonou o partido de César e foi reunir-se a Pompeu. César, apesar dessa deserção, não deixou de lhe enviar o dinheiro que lhe pertencia e suas equipagens. César foi acampar diante de Corfínio, onde estava como comandante, em nome de Pompeu, Domício, o qual, sem esperança de poder defender a praça, pediu veneno a um dos escravos, seu médico, e o ingeriu, disposto a morrer; mas, tendo logo recebido notícias no tocante à bondade admirável com que César tratava os prisioneiros, queixou-se de sua sorte e da precipitação com que havia tomado a funesta resolução. O médico tranqüilizou-o, dizendo que a bebida que lhe dera não era um veneno mortal, e sim um simples narcótico. Satisfeito com essa revelação, Domício levanta-se e vai à procura de César, que o recebe afetuosamente. Todavia, Domício não tardou a desaparecer, voltando a Pompeu.

Essas notícias, levadas a Roma, reanimaram os que ali haviam ficado, fazendo regozijar seus corações; numerosos fugitivos regressaram. César incorporou em seu exército as tropas de Domício, além dos recrutamentos feitos em nome de Pompeu em diversas cidades e que ainda não se tinham posto às ordens deste último. Tornado temível devido a esses reforços, César marchou contra Pompeu. Este, porém,

Sarcófago com representação dos navios mercantes. Gliptoteca NY Carlsberg, Copenhagem.

retirou-se para Bríndisi, depois de ter feito os cônsules partir para Durazo, com suas tropas, seguindo também ele pouco depois. Tendo chegado diante de Bríndisi, César não pôde persegui-lo por falta de navios; e voltou a Roma, depois de se ter tornado senhor em sessenta dias de toda a Itália, sem derramar uma gota de sangue. Achou Roma bem mais calma do que esperava, com muitos senadores presentes; falou ao Senado com humanidade e habilidade, exortando-o a enviar uma deputação a Pompeu, levando-lhe de sua parte condições razoáveis. Mas nenhum dos senadores quis aceitar a incumbência, quer por temor de Pompeu, que haviam abandonado, quer pela dúvida de que César não falasse sinceramente, e sim apenas por conveniência.

O tribuno Metelo quis impedi-lo de se apoderar do dinheiro do tesouro público, alegando que havia leis que o proibiam. "O tempo da guerra — respondeu César — não é o tempo das leis. Se não aprovas o que quero, retira-te; um soldado não pode permitir-te essa liberdade de palavras. Quando tudo estiver em ordem e eu tiver deposto as armas, poderás então discursar à vontade. Aliás, falando-te assim, não uso de todos os meus direitos, porque, por direito de guerra, não somente tu, mas também todos vós que vos declarastes contra mim e que caístes em minhas mãos, me pertenceis". Após essa lição dada a Metelo, avançou para as portas do tesouro; e, como não encontrasse as chaves, mandou que lhe levassem serralheiros e ordenou-lhes que arrombassem as portas. Metelo quis ainda se opor; e diversas pessoas elogiavam sua firmeza. César, então, elevando o tom de sua voz, ameaçou-o de mandar matá-lo, se não renunciasse à sua atitude inoportuna: "Bem sabes, rapaz, que isso é, para mim, mais difícil de dizer do que fazer". Metelo retirou-se assustado por essas palavras e se apressou a fornecer a César, sem mais dificuldades, todo o dinheiro de que precisava para a guerra.

César foi à Espanha com um exército resolvido a expulsar Afrânio e Varão, lugar-tenentes de Pompeu, apoderando-se de suas tropas e de seus governos, antes de marchar contra Pompeu, pois não queria deixar atrás de si inimigo algum. Durante essa guerra, sua vida esteve freqüentemente em perigo, pelas ciladas que se prepararam contra ele; seu exército quase pareceu pela carestia; não empregou, porém, menos ardor na perseguição dos inimigos, na provocação aos combates, na construção de trincheiras para cercá-los; não se deteve enquanto não se apoderou de seus acampamentos e de suas tropas. Os chefes fugiram, retirando-se para junto de Pompeu. Quando César regressou a Roma, seu sogro, Pisão, aconselhou-o a enviar uma deputação a Pompeu para tratar de um entendimento; Isáurico, porém, combateu tal proposta com o intuito de agradar a César. Eleito ditador pelo Senado, César convidou os desterrados a regressar, restabeleceu as regalias em favor dos que haviam sido proscritos por Sila e aliviou os devedores de uma parte dos juros de suas dívidas. Pôs em prática algumas outras medidas desse gênero, mas em pequeno número, pois só por onze dias teve a autoridade suprema. Nomeou-se cônsul a si próprio, junto com Cervílio Isáurico, e daí por diante só se ocupou com a guerra. Deixou atrás de si grande parte do exército; depois, com seiscentos cavalos de escol e cinco legiões, em pleno solstício do inverno, no começo de janeiro, embarcou, atravessou o mar Jônio e se apoderou de Orico e de Apolônia. Fez voltar, então, os navios de transporte a Bríndisi, para transportar as tropas deixadas na Itália. Esses soldados, já enfraquecidos pela idade e desanimados pelos combates que ainda deviam travar contra tantos inimigos, durante o trajeto, queixavam-se de César: "Aonde — perguntavam — quererá levar-nos esse homem? Aonde irá ele parar? Não cessará de arrastar-nos a toda a parte, servindo-se de nós como se fôssemos incansáveis e possuidores de uma vitalidade inesgotável? O próprio ferro cede aos golpes com que o batem; os escudos e as couraças, também, depois de certo tempo, precisam de descanso. César não percebe, então, nossas feridas, não pensa que somos mortais, sujeitos a todos os males, a todos os sofrimentos de qualquer mortal? O próprio Deus não pode alterar, no mar, a estação de inverno e os ventos. Entretanto, é nessa estação que César nos expõe ao perigo! Dir-se-ia que não persegue seus inimigos, mas que foge diante deles". Assim falando, caminhavam lentamente para Bríndisi; mas, quando ali chegaram e souberam que César já havia partido, mudaram de linguagem: fizeram a si mesmos vivas censuras, acusaram-se de ter traído seu general e chegaram a ponto de zangar-se com seus oficiais que não haviam apressado a marcha; e, sentados nos rochedos da costa, olhavam o mar e para o Épiro, com a esperança de ver logo chegarem os navios que deviam transportá-los para o outro lado.

No entanto, César estava em Apolônia, com um exército fraco demais para algo empreender, tardando a chegada das tropas de Bríndisi. Nesse estado de incerteza e de extrema ansiedade resolveu afinal arriscar-se sozinho, sem que ninguém o soubesse, em um barco de doze remos, ir a Bríndisi, embora o mar estivesse coberto de navios inimigos. Ao anoitecer, disfarça-se com uma roupa de escravo, sobe no barco, coloca-se a um canto, como simples passageiro sem importância, e se conserva em silêncio. O barco descia pelo rio Aous, para o mar. A foz do rio era geralmente tranqüila, porque uma brisa vinda da terra, soprando todas as manhãs, repelia as vagas do mar; aquela noite, porém, levantou-se de repente um vento marítimo tão violento que venceu a brisa da terra. O rio, com seu nível aumentado pela água do mar e pela resistência das ondas que lutavam contra a sua corrente, tornou-se perigoso e terrível; suas águas, violentamente repelidas contra a corrente, redemoinhavam com espantosa rapidez e pavorosos mugidos; o piloto não conseguia dominar as ondas. Mandou que os remadores virassem a proa e remontassem

Barco à vela. Museu Arqueológico, Aquiléia.

o rio. Ao ouvir essa ordem, César deu-se a conhecer e, tomando pela mão do piloto, admirado pela sua presença: "Vamos, meu bravo, disse-lhe: continua tua rota e nada receies. Levas no teu barco a fortuna de César". Os marinheiros esquecem-se da tempestade, forçam os remos, empregam todo ardor para vencer a violência das ondas; todos os esforços, porém, foram vãos; e, como o barco fizesse água de todos os lados, estando prestes a afundar na foz do rio,

César permitiu, bastante contrariado, que o piloto voltasse para trás. Chega ao acampamento. Os soldados saem em multidão ao seu encontro e se queixam dolorosamente, lastimando vê-lo sem mais esperança de vencer com sua ajuda, indo em busca dos ausentes, expondo-se ao mais terrível perigo, como se desconfiasse dos soldados que o cercavam. Pouco depois, Antônio chega com as tropas de Bríndisi, e César, cheio de fé, desafia Pompeu ao combate.

Pompeu, acampado num lugar favorável, aproveitava-se de sua posição para prover-se, por terra e por mar, de tudo o que lhe era preciso; ao passo que César, não estando em abundância desde o começo, encontrou-se mais tarde reduzido à falta das coisas mais necessários. Seus soldados, para se alimentarem, recorriam a uma raiz que esfarelavam no leite; às vezes, também, faziam pão. Aproximando-se dos postos avançados inimigos, jogavam esses pães gritando aos adversários que, enquanto a terra produzisse aquelas raízes, Pompeu continuaria sitiado. Pompeu proibiu que se mostrassem esses pães a seus soldados e que se lhes repetissem essas palavras; pois suas tropas seriam vencidas pelo desânimo, tremendo pela idéia da dureza e da insensibilidade feroz dos inimigos, julgados como animais selvagens. Todo dia havia escaramuças, nas quais os soldados de César sempre ganhavam; uma vez, todavia, suas tropas foram derrotadas, a ponto de César ficar em perigo de perder o acampamento.

Pompeu havia atacado com vigor: nenhum dos corpos de César agüentou o golpe e fugiram todos; as trincheiras encheram-se de mortos. Os soldados de César foram perseguidos até suas linhas e entrincheiramentos. César corre diante dos fugitivos e trata de reconduzi-los ao combate; mas todos os seus esforços são vãos. Ele que apanhar as insígnias; mas os que as levam jogam-nas no chão, e trinta e duas caem em poder do inimigo. O próprio César correu perigo de morte, quis fazer parar um soldado alto e robusto que fugia como os outros e obrigá-lo a enfrentar o inimigo; esse homem, fora de si pelo medo, levanta a espada para feri-lo, mas o escudeiro de César intervém cortando-lhe o ombro com um golpe de espada. César já julgava tudo perdido; Pompeu, porém, ou por exagero de precaução ou por capricho da Fortuna, não levou a termo um início tão feliz; satisfeito com ter obrigado os fugitivos a se encerrar em seu acampamento, retirou-se. César, regressando, disse a seus amigos: "Hoje, a vitória caberia aos inimigos, se eles tivessem um comandante que soubesse vencer". Chegando à sua tenda, deitou-se e passou a noite na mais cruel inquietação, vítima de espantosa perplexidade; censurava-se pelo erro cometido, quando, tendo diante de si um país farto e as ricas cidades da Macedônia e da Tessália, em vez de provocar a guerra daquele lado, tinha acampado perto do mar, sem poder opor-se à frota dos inimigos, e mais sitiado pela carestia do que sitiava Pompeu pelas armas.

Com o coração dilacerado por essas reflexões, angustiado pela necessidade que o premia e pela situação embaraçosa a que se achava reduzido, levantou acampamento, resolvido a ir à Macedônia para combater contra Cipião. Esperava atrair Pompeu contra si e obrigá-lo a combater em um país no qual não lhe seria fácil abastecer-se pelo mar, ou acabar com Cipião se Pompeu não o pudesse auxiliar. A retirada de César reanimou os soldados e os oficiais de Pompeu: queriam iniciar imediatamente a perseguição de

César, como se este estivesse já vencido e posto em fuga. Pompeu, porém, era prudente demais para arriscar tamanhos interesses numa batalha. Fartamente aprovisionado de tudo o que precisava para esperar o auxílio do tempo, julgava mais prudente prolongar a guerra e deixar esvanecer o pouco vigor ainda restante nos inimigos. Os aguerridos soldados de César mostravam, nos combates, muita experiência e audácia; mas, quando precisavam marchar ou acampar, sitiar fortalezas e passar noites em armas, sua velhice fazia-os sucumbir ao cansaço; eram pesados demais para esses labores, cedendo-lhes a coragem à fraqueza do corpo. Dizia-se, aliás, que uma moléstia contagiosa grassava em seu exército, cuja primeira causa era a má alimentação, e o que mais aborrecia a César era que não tinha nem víveres nem dinheiro, parecendo-lhe inevitável que ele próprio se consumiria em pouco tempo.

Todas essas razões induziram Pompeu a renunciar ao combate. Catão foi o único a aprovar essa resolução, pelo desejo de poupar o sangue dos cidadãos. Catão não podia ver os cadáveres dos inimigos, mortos em número de mil na última ação, sem derramar lágrimas; e, ao retirar-se, cobria a cabeça com o manto, em sinal de luto. Mas todos os demais acusavam Pompeu de recusar a batalha por covardia; instigavam-no chamando-o de Agamenon e de rei dos reis e afirmando que ele não queria renunciar à autoridade monárquica de que estava investido nem do auxílio de tantos generais que iam visitá-lo em sua tenda para receber ordens, o que lisonjeava sua vaidade. Favônio, que afetava imitar a franqueza de linguagem de Catão, lastimava, em tom trágico, a desgraça de não poder ainda, durante aquele ano, comer figos de Túsculo, pois era preciso garantir a Pompeu uma autoridade monárquica. Afrânio, recém-chegado da Espanha, onde se conduzira muito mal, sendo acusado de ter vendido e entregue o exército, perguntou a Pompeu por que não ia combater contra aquele negociante que lhe havia comprado seus governos. Todas essas palavras forçaram Pompeu a se resolver ao combate e a pôr-se em perseguição de César.

César experimentara grandes dificuldades nos primeiros dias de sua marcha. Ninguém queria fornecer-lhe víveres, e sua recente derrota provocava o desprezo geral; logo, porém, que tomou a cidade de Pronfes, na Tessália, foi-lhe dado alimento para o exército; e, por cúmulo de satisfação, seus soldados ficaram curados da doença, de maneira verdadeiramente estranha. Tendo encontrado enorme quantidade de vinho, beberam tão exageradamente que se entregaram ao deboche, continuando seu caminho numa espécie de bacanal. A embriaguez curou a doença que tinha origem numa causa contrária, e mudou por completo a disposição de seus corpos. Quando os dois generais se acharam na planície de Farsália, com os acampamentos um diante do outro, Pompeu voltou à sua primeira opinião, tanto mais quanto tivera presságios sinistros e um sonho alarmante. Parecera-lhe ver César em Roma, no teatro, acolhido pelas palmas dos romanos.

Mas os que o cercavam, ao contrário, cheios de presunção, sentiam-se de antemão senhores da vitória. Alguns, como Domício, Spinter e Cipião, já disputavam a dignidade de grande pontífice de que César estava revestido. Outros já haviam mandado reservar e alugar, em Roma, casas próprias para alojar os cônsules e os pretores, na certeza de se verem elevados a tais magistraturas logo após a guerra. Mas os que se mostravam mais impacientes de combater eram os cavaleiros, orgulhosos da beleza de suas armas, do bom estado de seus cavalos, da sua ótima disposição e do seu número, pois eram sete mil contra os mil de César. A infantaria de Pompeu também era muito superior em número, composta de quarenta e cinco mil homens, ao passo que a inimiga não passava de vinte e dois mil. César reuniu suas tropas e disse-lhes que Cornifício, esperado com duas legiões, não tardaria a chegar; que, além disso, quinze coortes estavam distribuídas em torno de Megara e de Atenas, sob o comando de Caleno; e lhes perguntou se queriam esperar esse reforço, ou arriscar-se sós na batalha. Num grito unânime, os soldados suplicaram-lhe que não esperasse, mas que imaginasse algum estratagema para atrair o mais breve possível o inimigo ao combate.

César fez um sacrifício de purificação para o seu exército; e, depois da imolação da primeira vítima, o adivinho anunciou-lhe que, em três dias, haveria batalha. César perguntou-lhe se percebia, nas entranhas sagradas, algum sinal favorável. "Tu mesmo responderás melhor do que eu a essa pergunta — disse o adivinho. — Os deuses permitem-me ver uma grande mudança, uma revolução geral do estado presente para um estado absolutamente contrário. Se te julgares, agora, em boa situação, a sorte ser-te-á contrária; mas, se julgares tua posição atual lastimável, espera uma sorte melhor". Na véspera da batalha, visitando as sentinelas, César e outros viram, pela meia-noite, um rasto de fogo no céu, que, passando por cima do acampamento, transformou-se de repente numa grande flama viva e resplendente que ia cair sobre o acampamento de Pompeu. Quando entraram em serviço as sentinelas da manhã, foi reconhecido que o pânico se espalhara no acampamento inimigo.

Todavia, César não esperava combater naquele dia e preparava-se para levantar o acampamento, para se retirar para Scotusa. Já estavam dobradas as tendas, quando os informadores correram para anunciar a César que os inimigos estavam saindo para travar batalha. Radiante por essa notícia, César faz sua prece aos deuses, dispõe em ordem de combate seu exército, dividindo-o em três corpos. Dá a Domício Calvino o comando do centro, a Antônio o da ala esquerda e se coloca ele próprio à direita, para combater com a décima legião. Contra essa ala direita opunha-se a cavalaria inimiga. Ao ver aquela tropa brilhante e numerosa, César sentiu a necessidade de um reforço; tirou secretamente da última linha seis coortes, que colocou atrás de sua ala direita, dando-lhes instruções sobre o que deviam fazer quando os cavaleiros inimigos se lançassem ao assalto. Pompeu estava na sua ala direita; Domício comandava a esquerda; Cipião, sogro de Pompeu, guiava o centro. Toda a cavalaria fora para a ala esquerda, com o plano de envolver a direita dos inimigos e derrotar o corpo no qual combatia o general; não havia dúvida — pensavam — de que essa infantaria, por mais profundas que fossem suas fileiras, deveria ceder aos assaltos de cavalaria e de que o primeiro choque obrigaria os batalhões inimigos a recuar desbaratados.

Dos dois lados estava para ser dada a ordem para o ataque, quando Pompeu mandou que sua infantaria ficasse imóvel e bem cerrada, à espera do ataque inimigo, para só se mover quando se estivesse ao alcance do dardo. César diz que Pompeu cometeu um erro, esquecendo-se de que, no começo da ação, a impetuosidade da corrida torna o choque bem mais terrível, dando mais rudeza aos golpes e inflamando a coragem, que se acende com o movimento da multidão. César, já pronto para pôr em movimento seus batalhões e começar o ataque, vê, perto dele, um dos centuriões, homem de grande experiência na guerra e de fidelidade a toda prova, animando os soldados a combater com valor. César, dirige-lhe a palavra: "Então, Caio Crassínio, que devemos esperar? Estamos com coragem?". Crassínio, estendendo a mão, responde em voz alta: "Venceremos com glória, César; quanto a mim, merecerei hoje teu louvor, morto ou vivo". Ditas essas palavras, Crassínio atira-se primeiro, em acelerado, contra o inimigo, arrastando atrás de si sua companhia composta de cento e vinte homens. Despedaça os primeiros que encontra no caminho, penetra no meio dos mais espessos batalhões, cerca-se de mortos, até receber na boca um golpe de espada tão violento que a ponta sai na nuca.

Quando a infantaria dos dois exércitos estava empenhada numa luta bastante encarniçada, a cavalaria da ala esquerda de Pompeu avançou altivamente, estendendo seus esquadrões para envolver a ala direita de César; mas, antes que tivesse tempo de atacar, as seis coortes que César colocara atrás de sua ala correram contra a cavalaria inimiga; e, em vez de atirar de longe seus dardos, conforme o costume, e de ferir a golpes de espada as pernas e as coxas dos inimigos, os soldados alvejam os olhos, golpeiam os rostos, segundo as instruções recebidas de César. Este julgara bem ao pensar que esses cavaleiros, noviços na guerra e pouco acostumados com as feridas, jovens como eram, ostentando sua beleza e a flor de mocidade, ficariam impressionados especialmente com essa espécie de golpes e não sustentariam por muito tempo um ataque no qual se achavam expostos ao perigo atual e à deformação futura. Foi o que aconteceu: aqueles moços não aturaram os golpes dos dardos atirados para cima; e, não ousando arrostar os ferros que brilhavam tão perto de seus olhos, viravam o rosto e cobriam a cabeça para se preservar. Romperam, afinal, suas próprias fileiras, fugiram vergonhosamente e foram a causa da perda de todo o exército, pois os soldados de César, vitoriosos, envolveram a infantaria e, carregando-a pelas costas, destroçaram-na.

Ao ver, da sua ala direita, a derrota de sua cavalaria, Pompeu não foi mais o mesmo; esquecendo-se de que era o grande Pompeu e como um homem cuja razão tivesse sido perturbada pela divindade, ou talvez abatido por uma derrota que considerava como obra de algum deus, retirou-se para sua tenda, sem dizer palavra, e ali sentou-se, à espera do termo da batalha. Seu exército foi completamente desbaratado e posto em fuga, e os inimigos assaltaram as trincheiras, combatendo contra os soldados que as defendiam. Naquele instante, como que caindo em si, dizem que Pompeu exclamou: "Como! Até no meu campo!". E, sem acrescentar palavra, despe sua armadura e todas as insígnias do comando e, com traje apropriado para a fuga, procura uma saída. O resto dos acontecimentos, e o assassínio de Pompeu pelos egípcios, aos quais ele se entregara, são relatados com pormenores em sua *Vida*.

César, entrando no acampamento de Pompeu, viu o grande número de cadáveres inimigos que cobriam a terra e os que continuavam a ser massacrados. Esse espetáculo arrancou-lhe um suspiro: "Ai de mim! — exclamou — mas são eles

Bruto Capitolino. Princípios do séc. III a.C.

os culpados; foram eles que me reduziram a tão cruel necessidade. Sim, eu Caio César, apesar de tantas guerras terminadas vitoriosamente, se eu tivesse renunciado a meus exércitos, estaria perdido". Asínio Polião diz que César pronunciou essas palavras em latim e que as traduziu em grego em sua história. Acrescenta que quase todos os que morreram na tomada do acampamento eram serventes do exército, e que, na batalha, não morreram mais do que seis mil homens. César incorporou em suas legiões a maior parte dos soldados de infantaria, feitos prisioneiros. Concedeu graça a diversos personagens de destaque, entre outros Bruto, que depois o matou. César, não o vendo aparecer depois da batalha, manifestara — segundo se diz

— grande inquietação; e, quando o viu chegar são e salvo, mostrou a mais viva alegria.

Numerosos presságios haviam anunciado a vitória; o mais notável foi o de Trales. Havia, no templo da Vitória, uma estátua de César; o solo da plataforma era formado de uma terra muito dura por sua natureza, e, ademais, pavimentado com uma pedra ainda mais dura; desse solo, todavia — dizem —, surgiu uma palmeira, perto do pedestal da estátua. Em Pádua, Caio Cornélio, hábil na arte dos augúrios, patrício e amigo de Tito Lívio, estava ocupado, naquele dia, em examinar o vôo dos pássaros. Segundo Tito Lívio, reconheceu, assim, que a batalha se travava naquele instante e disse aos que estavam presentes que se tornaria decisiva, já estando os dois generais um contra o outro. Depois, continuando as observações e analisando os sinais, levantou-se excitado, exclamando: "És o vencedor, oh César!". Como os assistentes ficassem admirados com essa profecia, depôs a coroa que tinha na cabeça e jurou que só a retomaria quando os fatos confirmassem a predição. Eis, segundo Tito Lívio, como as coisas se passaram (40).

César consagrou sua vitória com um monumento glorioso, dando a liberdade ao povo tessálico; depois iniciou a perseguição de Pompeu. Ao chegar à Ásia, concedeu a mesma graça aos cnídios, em homenagem a Teopompo, o autor da coleção das narrações mitológicas; e desobrigou do pagamento de uma terça parte dos impostos todos os habitantes da Ásia. Aportou em Alexandria, depois do assassínio de Pompeu. Quando Teodoto lhe apresentou a cabeça de Pompeu, virou o rosto com horror; e, recebendo o sinete do vencido, chorou. Cumulou de presentes os amigos de Pompeu que, depois de sua morte, se haviam dis-

Tito Lívio.
Imagines veterum illustrium Rhetorum ac oratorum. Roma, 1685.

persado pelos campos e que tinham sido presos pelo rei do Egito. Ligou-se a eles e, em seguida, escreveu a seus amigos de Roma que o fruto mais real e doce de sua vitória consistia em salvar, todos os dias, alguns dos cidadãos que haviam tomado das armas contra ele.

Quanto à guerra de Alexandria, dizem alguns que seu amor por Cleópatra, e não uma necessidade real, foi o que determinou a empresa, tão vergonhosa para a sua reputação como perigosa para a sua pessoa; outros acusam disso os amigos do rei, sobretudo o eunuco Potin, que gozava junto de

Ptolomeu do maior crédito. Potin matara Pompeu, expulsara Cleópatra e, secretamente, armava ciladas contra César. Dizem que só depois de ter sabido alguma coisa, e para melhor estar prevenido, é que César começou a passar as noites nos festins. Aliás, a conduta pública de Potin não era suportável: não cessava de fazer tudo o que podia, falando e agindo, para tornar César odiado e desprezado. Dava, para os soldados romanos, o trigo mais velho e estragado; e dizia que, vivendo à custa dos outros, os romanos deviam contentar-se e ter paciência. À mesa do rei, mandava servir a baixela de madeira e de barro, sob o pretexto de que César recebera a de ouro e de prata como penhor de uma dívida. Com efeito, o pai do rei devia a César dezessete milhões e quinhentos mil sestércios; César perdoou aos filhos desse príncipe sete milhões e quinhentos mil sestércios, pretendendo os dez milhões restantes para o mantimento de suas tropas. Potin garantia-lhe que podia partir sem mais esperar, indo terminar seus grandes empreendimentos, pois receberia sem atraso seu dinheiro, além dos agradecimentos do rei. César respondeu que não precisava dos conselhos dos egípcios; e mandou dizer secretamente a Cleópatra que voltasse à cidade! Cleópatra fez-se acompanhar apenas por um dos seus amigos, Apolodoro de Silícia; embarcou num pequeno navio e chegou à noite ao palácio. Não havendo meio de ali penetrar sem ser reconhecida, envolveu-se num saco de colchão, que Apolodoro amarrou com uma correia, fazendo-o levar até César, pela porta do palácio.

Conta-se que foi essa astúcia de Cleópatra o primeiro engodo que seduziu César; admirado por seu espírito inventivo e, em seguida, subjugado por sua doçura, pelas graças de

Cleópatra. Gravura de John Gilbert (1817-1897) para *Antônio e Cleópatra* de W. Shakespeare.

sua conversa, reconciliou-a com seu irmão, sob a condição de que partilhasse da soberania real; um grande festim consagrou essa reconciliação. Um dos escravos de César, seu barbeiro, que era o mais tímido e desconfiado dos homens, descobriu, percorrendo o palácio, prestando ouvidos a tudo e examinando com atenção tudo o que se passava, uma conspiração contra a vida de César, tramada por Aquilas, general das tropas do rei, e pelo eunuco Potin. Quando teve provas disso, César colocou guardas em torno da sala e mandou matar Potin. Quanto a Aquilas, recorreu ao exército e desencadeou contra César uma guerra difícil e perigosa, na qual, com poucos soldados, César precisou resistir a uma cidade poderosa e a forças consideráveis.

O primeiro perigo ao qual esteve exposto foi a falta de água: os inimigos haviam fechado todos os aquedutos que abasteciam seu quarteirão. Correu novo perigo quando os alexandrinos quiseram apoderar-se de sua frota: para escapar ao perigo, foi obrigado a queimá-la, alastrando-se o incêndio do arsenal a seu palácio e destruindo a grande biblioteca. Afinal, no combate travado na ilha de Faros, saltou do dique num barco, para ir em socorro de suas tropas, cercadas pelo inimigo; os navios egípcios acorreram de toda a parte, para envolvê-lo. César atira-se ao mar e a muito custo consegue salvar-se a nado. Conta-se que, nessa ocasião, tinha em seu poder papéis que não quis largar, apesar das flechas que choviam sobre ele e que o forçavam a mergulhar repetidamente a cabeça; segurava os papéis com uma das mãos, acima da água, e com a outra nadava. O barco já havia soçobrado. O rei foi reunir-se com seu exército; mas César perseguiu-o, obrigou-o a combater e conseguiu uma vitória completa. Numerosos inimigos morreram nessa batalha, e o próprio rei desapareceu sem que jamais se tivesse dele qualquer notícia. César deu todo o reino do Egito a Cleópatra, que teve, pouco tempo depois, um filho a que os alexandrinos chamaram de Cesarion. Depois disso, César partiu para a Síria.

Chegando à Ásia, César soube que Domício, batido por Farnaces, filho de Mitridates, fugira do Ponto com um punhado de soldados; que Farnaces, continuando vigorosamente seus triunfos, se apoderara da Bitínia e da Capadócia e se preparava para invadir a pequena Armênia, na qual provocara a rebelião de todos os reis e dos tetrarcas. César marcha contra Farnaces com três legiões, travando com ele uma grande batalha, perto da cidade de Ziela; destroça todo o seu exército e o repele do Ponto. Para fazer notar a rapidez nunca vista de sua vitória, César escreveu a Amâncio, um de seus amigos de Roma, estas três palavras somente: "Vim, vi, venci". Em latim, as três palavras têm a mesma desinência, o que dá à ocasião um caráter ainda mais surpreendente.

Depois dessa vitória, César voltou à Itália, chegando a Roma em fins do ano no qual devia terminar sua segunda ditadura: esse cargo, anteriormente, nunca fora anual. Foi nomeado cônsul para o ano seguinte. Muito censurada foi a extrema benevolência com que tratou seus soldados, que mataram, num motim, duas personagens pretorianas: Coscônio e Galba. Limitou-se a dar-lhes, como castigo, o nome de cidadãos, em vez do de soldados; e distribuiu mil dracmas a cada um, dando-lhes terras de valor na Itália. Censuravam-no também pelos furores de Dolabela, pela avareza de Amâncio, pela embriaguez de Antônio e pelo luxo de Cornifício, que se apoderara da casa de Pompeu e, não a julgando bastante vasta para si, construía outra maior no mesmo terreno. Os romanos indignavam-se com essas desordens. César não as ignorava nem as aprovava, mas, para conseguir seus objetivos políticos, era obrigado a servir-se de tais instrumentos.

Depois da batalha de Farsália, Catão e Cipião estavam refugiados na África; ali, com o auxílio do rei Juba, reuniram um exército numeroso. César, resolvido a marchar contra eles, transporta-se à Silícia, no solstício de inverno; e, para não deixar aos seus oficiais a esperança de atraso ou adiamento, erige sua tenda à beira-mar e, ao primeiro vento favorável, veleja com três mil homens de infantaria e poucos cavaleiros, desembarca-os sem ser percebido e volta de novo ao mar, receando alguma desgraça para a parte mais importante de seus exércitos: encontra-se com esta já em caminho e a conduz inteira ao acampamento. Ao chegar, soube que os inimigos tinham fé num antigo oráculo, segundo o qual a família dos Cipiões seria vitoriosa na África. Seria difícil dizer se ele quis zombar de Cipião, general das tropas inimigas, ou aproveitar-se seriamente do benefício do oráculo; havia, porém, em seu acampamento, um homem obscuro e desprezado, que pertencia à família dos Cipiões e se chamava Cipião Salúcio. César o punha, nos combates, à testa do exército, como se fosse um verdadeiro general.

César era obrigado a entrar freqüentemente em choque com os inimigos, pois tinha poucos víveres para os homens e para os cavalos, que precisava alimentar com musgo e alga marinha, que se fazia macerar na água doce, misturando com um pouco de grama para lhe dar sabor. Os numidas, com seus cavalos ligeiros, apareciam todos os dias, em grande número; e eram senhores dos campos. Um dia, os cavaleiros de César, não tendo nada que fazer, divertiam-se a olhar para um africano que dançava e tocava flauta admiravelmente; atraídos por seu talento, estavam sentados, cheios de admiração, tendo deixado os cavalos a seus serventes; de repente, os inimigos precipitam-se sobre eles, envolvem-nos, matam alguns, põem em fuga ou-

tros, perseguindo-os até ao acampamento, onde entram em desordem, misturados com assaltantes. Foi preciso que César em pessoa e Aginio Polião saíssem das trincheiras, para voar em seu socorro e impedir a derrota; sem isso, a guerra terminaria naquele dia. Num segundo encontro, no qual os inimigos também tiveram vantagem,

Andrea Mantegna. O triunfo de César: carro triunfal com troféu. Hampton Court.

César, vendo o insígne fugir, acode apressadamente, agarra-o pelo pescoço e força-o a virar o rosto, dizendo-lhe: "Os inimigos estão daquele lado".

Envaidecido com esse triunfo, Cipião resolveu arriscar uma batalha. Deixa de um lado Afrânio, do outro Juba, que acampam separadamente a pouca distância e fortifica seu acampamento acima de um lago, perto da cidade de Tapso, para apoiar as operações e assegurar uma retirada ao exército. Enquanto ele providenciava para construir trincheiras, César atravessa com rapidez incrível um território pantanoso e cortado por desfiladeiros, ataca a retaguarda e a vanguarda do exército inimigo e o desbarata. Em seguida, aproveitando a oportunidade e ajudado pela sorte, apodera-se de repente do campo de Afrânio e pilha o dos numidas, abandonado por Juba. Destarte, em algumas horas, torna-se dono de três acampamentos e mata cinco mil inimigos, sem ter perdido nem cinqüenta dos seus. É a narração que alguns fazem dessa batalha. Outros, porém, afirmam que César nem participara da ação; que, no momento em que dispunha o exército em ordem de batalha e dava as ordens, teve um acesso da doença de que sofria; ao primeiro sintoma, e antes que o mal lhe tirasse o uso dos sentidos e das forças, fez-se transportar, já em estado de tremor, para uma das torres próximas, onde esperou em repouso o fim do acesso. Do grande número de homens, consulares e pretorianos, que se salvaram da carnificina e foram feitos prisioneiros, uńs se mataram e muitos foram mortos por ordem de César.

Tinha César um grande desejo de prender Catão vivo, por isso marchou logo para Útica. Encarregado da defesa dessa cidade, Catão não participara da batalha. César soube, em caminho, que Catão se suicidara. Mostrou-se visivelmente contrariado, não se sabendo o que o afligia. Se é verdade que exclamou: "Oh, Catão, invejo tua morte, pois me invejaste a glória de dar-te a vida!", o discurso por ele escrito posteriormente contra Catão morto não é o de homem benevolente ou disposto a perdoar. Deixaria ele vivo um homem cujos restos inanimados cobriu com as ondas de sua bílis? É verdade que a clemência de que usou para com Cícero, Bruto e mil outros que se haviam armado contra ele constitui uma razão de crédito; pode-se dizer que, se compôs aquele discurso, foi menos por um sentimento de ódio contra a pessoa de Catão do que por uma rivalidade política. Eis a ocasião que deu origem a esse escrito. Cícero compusera um elogio de Catão, intitulado *Catão*. Esse trabalho, de autoria do maior orador de Roma e sobre assunto tão belo, era, como se pode avaliar, muito apreciado e lido. César não gostou; considerou como uma censura para ele o elogio de um homem cuja morte causara. Reuniu e redigiu diversas acusações contra Catão, intitulando seu escrito *Anti-Catão*. Os nomes de César e de Catão, ainda hoje, conseguem para essas duas obras (41) zelosos admiradores.

Depois de sua volta da África, o primeiro cuidado que teve, em Roma, foi o de expor em termos magníficos, perante o povo, os resultados de sua vitória: informa que os países que acabava de conquistar eram tão extensos que o povo romano poderia receber deles, todos os anos, duzentos mil medimnos áticos de trigo e três milhões de libras de azeite. Triunfou três vezes: a primeira no Egito, a segunda no Ponto e a terceira na África. Neste último triunfo, não foi lembrado Cipião, mas apenas o rei Juba. O filho do rei, sendo ainda adolescente, seguia o carro do triunfador. Esse cativeiro foi para ele o mais feliz dos acidentes; nascido bárbaro e numida, instruiu-se e tornou-se um dos mais célebres historiadores gregos. Após esses triunfos, César fez grandes dádivas a seus soldados, organizou festins e espetáculos para o povo: vinte e duas mil mesas, com três leitos cada uma, foram preparadas ao mesmo tempo para servir todos os cidadãos. Foram representados, em honra de sua filha Júlia, morta havia muito tempo, combates de gladiadores e batalhas navais. Ao termo desses espetáculos, procedeu-se ao recenseamento do povo. Em vez de trezentos e vinte mil cidadãos, existentes anteriormente, só havia cento e trinta mil, de tal maneira a guerra civil fora mortífera, levando tantos cidadãos, sem contar os flagelos que haviam assolado o resto da Itália e as províncias!

Depois do recenseamento, César, nomeado cônsul pela quarta vez, foi à Espanha, a fim de dirigir a guerra contra os filhos de Pompeu. Apesar de muito jovens, os filhos de Pompeu haviam conseguido reunir um exército formidável pelo número de soldados; e mostravam uma audácia digna de chefes de exército tão poderoso; destarte constituíram para César gravíssimo perigo. Debaixo das muralhas da cidade de Munda, travou-se uma grande batalha, na qual César, vendo que suas tropas, vivamente atacadas, só opunham ao inimigo uma fraca resistência, lançou-se onde mais densa fervia a peleja, gritando aos soldados: "Não tendes vergonha de vos entregar nas mãos desses meninos?". Foi com extraordinários esforços que César conseguiu repelir os inimigos; matou trinta mil deles, perdendo mil dos seus, que eram os mais valentes do exército. Regressando ao acampamento depois da batalha, disse a seus amigos: "Muitas vezes, combati pela vitória; hoje, combati pela vida". Essa vitória deu-se no dia da festa das bacanais; na mesma data, o grande Pompeu partira de Roma para essa guerra, havia quatro anos. O menor dos filhos de Pompeu salvou-se fugindo; quanto ao maior, dias depois, Dídio depôs a sua cabeça aos pés de César.

Foi essa a última guerra de César; e o triunfo que a seguiu afligiu os romanos mais do que qualquer dos seus feitos anteriores, pois não se tratava de um triunfo pelas suas vitórias contra generais estrangeiros ou reis bárbaros, e sim da conclusão duma luta de destruição em que foi extinta a família da maior personagem que havia resplandecido em Roma, e que fora a vítima dos caprichos da Fortuna. Aos olhos dos romanos, era uma vergonha triunfar sobre as desgraças da pátria e glorificar-se por triunfos que só podiam ser justificados pela necessidade, perante a divindade e a humanidade, tanto mais quanto, até então, nunca César havia enviado mensageiros ou publicado cartas para anunciar as vitórias conseguidas nas guerras civis, das quais antes não se gabava, por um sentimento de pudor. Entretanto, os romanos inclinavam-se ao êxito, submetiam-se ao jugo sem resistência. Na persuasão de que o único meio de reparar tantos males causados pelas guerras civis era a autoridade de um único homem, nomearam César ditador perpétuo. Na realidade, tratava-se de uma tirania, pois à autoridade sem controle acrescentava-se a garantia de nunca ser substituído. Cícero foi o primeiro a propor para César grandes honras, mas que não ultrapassassem os limites de uma grandeza humana; outros acrescentaram honras sem limites, rivalizando cada qual em oferecer-lhe mais. Com esses exageros tornaram César odioso e insuportável, mesmo para os mais calmos. Pode-se acreditar que seus inimigos não contribuíram menos que seus aduladores para que lhe fossem decretadas essas honras extraordinárias, com o intuito de acumular pretextos contra ele e justificar sua aversão com as aparências mais graves e legítimas, pois, terminadas as guerras civis, César mostrou-se de uma conduta irrepreensível.

Foi, pois, um ato de justiça, que se lhe fez, a construção de um templo à Clemência, para consagrar a brandura com que agira após a vitória. Com efeito, César perdoara a quase todos que se haviam armado contra ele; e deu a alguns de seus antigos inimigos até dignidades e empregos, como a Bruto e a Cássio, por ele nomeados pretores. Não lhe passou despercebido o fato de terem abatido as estátuas de Pompeu; Cícero, a esse propósito, diz que César, retirando as estátuas de Pompeu, consolidara as suas. Seus amigos empenhavam-se em providenciar por sua segurança; alguns deles ofereciam-se para esse serviço. Ele recusou, dizendo: "É melhor morrer uma vez do que saber que podemos morrer a todo instante". Convencido de que a afeição do povo era a mais honrosa salvaguarda e a mais segura garantia de que se podia cercar sua pessoa, aplicou-se a cativar os cidadãos mediante banquetes públicos e distribuições de trigo, e os soldados mediante a fundação de novas colônias. Destas, as mais consideráveis foram Corinto e Cartago. Por uma estranha coincidência, essas duas cidades, que haviam sido destruídas ao mesmo tempo, foram ao mesmo tempo reconstruídas. César procurava captar o favor dos maiores, prometendo a uns consulados e pretorias, indenizando as perdas de outros com cargos e honrarias, dando a todos esperanças e es-

forçando-se para tornar voluntária a submissão. Tendo morrido na véspera do termo de seu consulado o cônsul Máximo, este foi por César substituído com a nomeação de Canínio Rebilo, para o único dia restante; e, como muita gente, como era de praxe, se agrupasse para ir visitar o novo cônsul, felicitá-lo e acompanhá-lo ao Senado, Cícero observou: "Vamos depressa, para que ele não deixe o cargo antes de sua chegada".

Andrea Mantegna. O triunfo de César: carro triunfal com troféu. Hampton Court.

César tinha a paixão dos grandes empreendimentos; e, em vez de desejar, após tantas façanhas, o gozo pacífico do fruto de suas fadigas, buscava novos atrativos para a sua audácia. Não pensando senão no futuro, formava projetos mais vastos do que nunca; a cobiça duma nova glória obscurecia, por assim dizer, a seus olhos, a glória já adquirida. Essa paixão tornava-se como que um ciúme de si próprio, como podia ter contra um terceiro; era uma perseverança obstinada em querer ultrapassar suas façanhas precedentes com outras que se propunha cumprir. Formara o projeto de uma guerra aos partos e para isso já se preparava. Subjugados estes, atravessaria a Hircânia, seguindo o mar Cáspio e o monte Cáucaso, penetraria depois na Sítia, submeteria todos os países próximos da Germânia e a própria Germânia, para então voltar à Itália pelas Gálias, depois de ter aumentado o império romano dando-lhe todo o oceano como únicos limites. Enquanto se preparava essa expedição, tomava medidas para cortar o istmo de Corino, encarregando Anieno dessa empresa. Pensava também em cavar um profundo canal, desde Roma até Circeu, para conduzir o Tibre ao mar perto de Terracina, e para abrir ao comércio um caminho cômodo e seguro, até Roma. Queria também mandar secar os pântanos que cercavam Pomécio e Cécia e transformar terras cobertas de águas em campos férteis, capazes de dar trabalho a milhares de arados. Projetava, afinal, levantar barreiras contra o mar próximo de Roma, com diques na costa; limpar o ancoradouro de Óstia, perigoso para os navegadores, devido aos recifes cobertos pelas águas; e construir ali portos e abrigos suficientes para conter o grande número de navios que chegavam de toda a parte.

Essas grandes obras ficaram em projetos; mas a reforma do calendário, a engenhosa correção que César imaginou para remediar a perturbação do cálculo do tempo, foi felizmente levada a termo e tornou-se, depois, de uso corrente e agradável. Na antigüidade remota, os romanos nunca tiveram períodos fixos e regulados para concordância dos meses com o ano; o resultado era que os sacrifícios e as festas, recuando pouco a pouco, incidiam sucessivamente em estações inteiramente opostas àquelas nas quais deviam ser celebrados. Na época de César, sendo então o ano solar o único em uso, a maior parte dos cidadãos não

Luta entre soldado bárbaro e soldado romano. Fórum de Trajano, Roma. Museu do Louvre, Paris.

conhecia a revolução dele; e os sacerdotes, que eram os únicos a conhecer o tempo, acrescentavam de repente, sem que ninguém o esperasse, um mês intercalado a que chamavam de mercedônio. Este mês, cujo uso — segundo se diz — foi introduzido pelo rei Numa, não passava de um paliativo, um meio improvisado para corrigir os erros de cálculo do ano, como eu escrevi na *Vida de Numa*. César propôs o problema aos mais sábios filósofos e matemáticos de seu tempo; e publicou, segundo os métodos por eles descobertos, uma reforma radical e exata, da qual os romanos ainda se servem e pela qual parece que eles se enganam menos do que todos os outros povos, no que concerne à desigualdade dos tempos. Entretanto, os invejosos de César e os que não podiam aturar seu domínio tiveram nisso um pretexto para censurá-lo. O orador Cícero, se não me engano, numa ocasião em que alguém lhe dizia que no dia seguinte se levantaria a constelação de Lira, disse: "Sim, levantar-se-á por edito", como se essa mudança tivesse sido acolhida com constrangimento.

Mas o que fez aumentar o ódio contra César, e que foi a causa de sua morte, foi sobretudo o desejo que teve de se fazer declarar rei; nasceu daí a aversão que o povo teve por ele depois, ao passo que seus inimigos secretos encontravam nisso o pretexto mais especioso de que podiam servir-se. Os que desejavam que lhe fosse conferido esse título andavam espalhando entre o povo a notícia de que, segundo os livros sibilinos, os partos seriam subjugados pelas armas romanas quando estas fossem comandadas por um rei; de outro modo, nunca poderiam entrar no país dos partos. Um dia, quando César voltava de Alba a Roma, tiveram a audácia de cumprimentá-lo chamando-o de rei.

Isso provocou murmúrios no povo; e César exclamou em tom contrariado: "Não me chamo rei, mas César". Seguiu-se um silêncio profundo na assistência; César continuou seu caminho, entristecido e acabrunhado. Um dia, tendo-lhe o Senado decretado honras extraordinárias, os cônsules e os pretores, seguidos por todos os membros do Senado, foram em cortejo um por um ao Fórum, onde ele esperava sentado na tribuna dos oradores, para receber comunicação oficial do decreto. Ele não se levantou à sua chegada; concedeu-lhes audiência como o teria feito com simples particulares, e respondeu que era preciso reduzir seus títulos e não aumentá-los.

Essa conduta desagradou não somente ao Senado, mas também ao povo, que julgou ver Roma desprezada na pessoa dos senadores; todos os que não tinham obrigação de ficar se afastaram imediatamente, acabrunhados por uma grande tristeza. César percebeu-o e voltou logo para casa; ali, descobrindo o peito, gritava a seus amigos que estava pronto a apresentá-lo ao primeiro que quisesse matá-lo. Afinal, reconhecida a inconveniência de sua conduta, lembrou-se de achar desculpas na sua conhecida doença: "Os que por ela são atacados — dizia — perdem o uso dos sentidos, quando falam, de pé, perante uma assembléia numerosa; atacados inicialmente por um tremor geral, experimentam tonturas e vertigens, que os privam de todo conhecimento". Essa desculpa, porém, era falsa, porquanto ele quisera levantar-se perante o Senado, mas um dos seus amigos, ou melhor, dos seus aduladores, Cornélio Balbo, o havia impedido, dizendo: "Não te lembras de que és César, e queres repelir as honras devidas à tua dignidade?".

A todos esses motivos de descontentamento acrescentou-se o

ultraje por ele feito aos tribunos da plebe. Era o dia da festa das Lupercais, que, segundo diversos escritores, antigamente foi uma festa de pastores, e que tem algo de semelhante com as festas Licas da Arcádia. Naquele dia, os moços de família nobre e a maior parte dos magistrados correm nus pela cidade, armados de tiras de couro ainda provido de pêlo, com as quais batem, por brincadeira, nas pessoas que encontram. As mulheres, embora pertencendo a famílias de destaque, vão ao seu encontro e estendem a mão a seus golpes, como fazem os meninos nas escolas, persuadidas de que isso é um meio seguro para as mulheres grávidas terem um parto feliz e para as estéreis terem filhos. César assistia à festa, sentado na tribuna, num trono de ouro, vestido com um manto triunfal. Antônio, em sua qualidade de cônsul, era um daqueles que figuravam na corrida sagrada. Ao chegar ao Fórum, quando a multidão se abriu para lhe dar passagem, aproximou-se de César e lhe apresentou um diadema entrelaçado com ramos de louro. Na ocasião, ouviram-se aplausos somente das pessoas encarregadas disso. Mas, tendo César recusado a mão de Antônio, todo o povo aplaudiu. Antônio lhe apresentou de novo o diadema, e poucas pessoas bateram palmas; César recusou-o ainda, e a praça foi sacudida, então, por aplausos universais. Inteirado, por essa prova, das disposições do povo, César levantou-se e mandou levar o diadema ao Capitólio. Pouco tempo depois, viram-se as suas estátuas coroadas de uma faixa real; dois tribunos da plebe, Flávio e Márulo, foram arrancar esses diademas; e, tendo encontrado os que primeiro haviam saudado César como rei, prenderam-nos, levando-os à prisão. O povo seguia os magistrados com palmas, chamando-os de "Brutos", porque foi Bruto quem outrora destruiu a realeza e transferiu o poder soberano das mãos de um só para as do Senado e do povo. César, irritado com essa afronta, dispensou Márulo e Flávio de seus cargos, e às

Diadema de ouro, Itália. Séc. III. British Museum, Londres.

suas acusações contra os tribunos acrescentou insultos contra o próprio povo, chamando os romanos de estúpidos e cumeus (42).

Esse fato atraiu a atenção da multidão sobre Marco Bruto. Passava este por descendente do antigo Bruto, pelo lado paterno; pelo lado materno, pertencia à família Servília, outra casa não menos ilustre; aliás era sobrinho e genro de Catão. O que abrandava em Bruto o desejo de derrubar a monarquia eram os numerosos títulos e benefícios recebidos de César. Não contente com ter-lhe dado a vida após a batalha de Farsália e a fuga de Pompeu, e com ter, a seu pedido, salvado diversos amigos seus, César atestava-lhe inteira confiança: dera-lhe, naquele mesmo ano, a pretoria mais importante e o designara cônsul, preferindo-o a Cássio, seu competidor. César confessou — segundo dizem —, naquela ocasião, que Cássio tinha melhores qualidades, mas que não podia deixá-lo passar à frente de Bruto; e, quando lhe denunciaram Bruto como comprometido na conspiração que já se tramava, não acreditou na acusação; mas, pegando sua própria pele com os dedos, disse: "Este corpo espera a Bruto"; e com isso fazia compreender que a virtude de Bruto o tornava digno de reinar, mas que, para reinar, Bruto não se tornaria ingrato e criminoso. Entretanto, os que desejavam uma mudança e só olhavam para Bruto, ou para ele mais do que para qualquer outro, não ousavam, na verdade, falar-lhe abertamente; mas, à noite, cobriam o tribunal, e o assento onde ele julgava como pretor, de bilhetes concebidos quase todos nestes termos: "Tu dormes, Bruto; tu não és Bruto". Cássio percebeu que essas censuras despertavam insensivelmente em Bruto o amor da glória; excitou-o então, mais vivamente do que antes, pois tinha motivos particulares de ódio contra César, como mostramos na *Vida de Bruto*. César, também, tendo suspeitado de Cássio, disse um dia a seus amigos: "Que julgais vós que pretenda Cássio? Quanto a mim, não gosto dele; acho-o pálido demais". Outra vez, acusavam junto dele Antônio e Dolabela de estarem maquinando algo de novo. "Eu não temo muito — afirmou ele — essas pessoas gordas e bem penteadas, e sim esses homens pálidos e magros". Queria referir-se a Bruto e Cássio.

Parece, porém, ser mais fácil prever o destino do que evitá-lo, pois a sorte de César foi anunciada — dizem — por sinais extraordinários e aparições. É possível que, em um fato de tamanha importância, os fogos celestes, os barulhos noturnos que se ouviram em diversos lugares, os pássaros solitários que foram, em pleno dia, pousar no Fórum nem mereçam ser lembrados. Mas, segundo relata Strabão — o filósofo —, viram-se pelos ares homens de fogo marchar

César faz a travessia do Rubicão. Tapeçaria renascentista. Museu Histórico, Berna.

uns contra os outros. O servente de um soldado fez jorrar de sua mão uma chama vivíssima: dir-se-ia que a mão queimava; mas, quando a chama apagou, o homem não mostrava vestígio algum de queimadura. Em um sacrifício oferecido por César, não se achou o coração da vítima, sendo este um prodígio espantoso; de fato, não é admissível que exista na natureza um animal sem coração. Diversas pessoas contam, ainda hoje, que um adivinho aconselhou a César que ficasse em guarda contra um grande perigo pelo qual estava ameaçado para o dia que os romanos chamam de Idos de Março; e que, naquele dia, César, indo ao Senado, encontrou o adivinho, cumprimentou-o e disse-lhe, zombando de sua predição: “Pois bem, eis os Idos de Março chegados”. Ao que o adivinho respondeu baixinho: “Sim, chegaram; mas ainda não passaram”. Na véspera do mesmo dia, ele ceava em casa de Lépido, e, segundo seu hábito, assinava cartas à mesa. Foi feita, durante a conversa, esta pergunta: “Qual é a morte melhor?”. César, antes que qualquer outro respondesse, disse em voz alta: “A menos esperada”. Depois da ceia, estando deitado como de costume ao lado de sua mulher, todas as portas e as janelas do quarto abriram-se subitamente. Acordado em sobressalto pelo barulho e pelo luar, ouviu sua mulher Calpúrnia, que continuava dormindo em sono profundo, gemer confusamente, pronunciando palavras inarticuladas. Calpúrnia sonhou que estava chorando a morte do marido, que ela enforcara em seus braços. Segundo outros, não foi este o sonho de Calpúrnia. O Senado — diz Tito Lívio — mandara colocar, por decreto, na cumeeira da casa de César, um pináculo que ficava ali como ornamento e distinção; Calpúrnia sonhara que esse pináculo

Pietro de Cortona. César casa com Calpúrnia. Pompéia, sua antiga esposa, retira-se do aposento. Tapeçaria renascentista, Berna

estava quebrado; e este era o motivo de seus gemidos e de suas lágrimas. No dia seguinte, ela suplicou a César que não saísse, se lhe fosse possível, naquele dia adiasse a sessão do Senado. "Se não acreditas no meu sonho — acrescentou —, consulta outras divindades e observa as entranhas das vítimas para saberes o futuro". As apreensões de Calpúrnia inspiraram suspeitas e temores a César. Nunca, até então, notara em sua mulher as futilidades de seu sexo ou sentimentos supersticiosos, ao passo que, naquele dia, ela estava na maior inquietação. Os adivinhos, após diversos sacrifícios, declararam-lhe que os sinais lhe eram desfavoráveis; ele resolveu mandar Antônio ao Senado, para adiar a sessão.

Enquanto isso, chega Décimo Bruto, apelidado Albino, no qual César tinha tal confiança que o instituíra seu segundo herdeiro. Ele era um dos cúmplices da conspiração de outro Bruto e de Cássio; e, receando que se a trama fosse descoberta César suspendesse a assembléia naquele dia, começou a gracejar sobre o que os adivinhos diziam e a manifestar vivamente a César as razões de queixas e censuras que ele fornecia ao Senado com um adiamento, que seria julgado como uma falta de atenção. "Os senadores foram convocados por ti — disse ele — e todos estão dispostos a proclamar-te rei de todas as províncias situadas fora da Itália e a permitir que cinjas o diadema por toda a parte, na terra e no mar, menos em Roma. Se, agora, quando eles estão sentados em seus lugares, vai alguém dizer-lhes que se retirem, para voltar outro dia, pensas quais serão as críticas dos invejosos quando Calpúrnia tiver sonhos mais favoráveis? Quem quererá escutar teus amigos, quando eles disserem que não se trata de servidão e de tirania? Se, não obstante — acrescentou —, julgares este dia deveras nefasto, o melhor será ires tu mesmo ao Senado, para declarar que preferes adiar a assembléia". Dizendo essas palavras, toma César pela mão e o faz sair. Mal tinham passado a soleira da porta, um escravo, estranho à casa, que insistira para falar com César e não pudera atravessar a multidão para chegar até ele, precipitou-se dentro da casa e se entregou a Calpúrnia, rogando-lhe que lhe permitisse esperar ali seu esposo, ao qual comunicaria coisas de grande importância. Artemidoro de Cnido, que lecionava em Roma literatura grega e que, por isso, se achava em freqüentes relações com alguns cúmplices de Bruto, estava a par de alguma coisa concernente à conspiração: apresentou-se a César para lhe entregar um papel, onde havia pormenores que lhe queria revelar. Mas, vendo que César, à medida que recebia qualquer folha, passava-a aos litores que o cercavam, aproximou-se o mais que podia dele e, entregando-lhe a sua, disse-lhe: "César, lê esse papel, tu somente e já, pois se trata de coisas importantes que te interessam pessoalmente". César tomou-o na mão e experimentou diversas vezes lê-lo; mas foi impedido pela multidão dos que iam falar com ele. Entrou no Senado, continuando a segurar esse papel, o único que tinha guardado. Dizem alguns que Artemidoro, constantemente repelido pela multidão durante o caminho, não pudera chegar até César e que, por isso, fizera entregar o papel por outra pessoa.

Essa circunstância talvez fosse efeito do acaso. O mesmo não se poderia dizer, porém, do lugar onde o Senado se reuniu naquele dia, e onde se deu a cena sangrenta. Havia, na sala, uma estátua de Pompeu, e a própria sala era num edifício que Pompeu oferecera e que servia de ornamento ao seu teatro: prova evidente de que um deus guiava a empresa e designara aquele edifício como lugar de execução. Dizem mesmo que Cássio, antes de pôr mãos à obra, levantou os olhos para a estátua de Pompeu, com uma invocação silenciosa, embora partidário de Epicuro; mas a consideração da presença do perigo fez vibrar sua alma de alto entusiasmo, tornando-o esquecido de suas antigas opiniões. Antônio, que era devotadíssimo a César, e cujo extraordinário vigor físico era temido, foi detido por Bruto Albino, que propositalmente travou com ele longa palestra (43).

Quando César entrou, os senadores levantaram-se, em sinal de atenção. Quanto aos cúmplices de Bruto, alguns se colocaram atrás da cadeira de César, outros diante dele, para unir suas súplicas às de Túlio Címber, que pedia a revogação do exílio de seu irmão; e o acompanharam até ao lugar de César, insistindo vivamente. César sentou-se repelindo estas súplicas; depois, como ainda insistissem, manifestou seu desagrado dirigindo-se a cada um. Então, Túlio apanhou a toga de César com as duas mãos, descobrindo-lhe os ombros: era o sinal do ataque. Casca foi o primeiro a feri-lo com a espada, perto do pescoço; mas a ferida não foi mortal, pois o ferro não penetrara muito. Parece que, encarregado de iniciar tão audaciosa empresa, Casca ficou emocionado. César vira-se para ele, apanha a espada e detém os golpes. Gritaram ambos ao mesmo tempo, César em latim: "Casca, celerado, que fazes?", e Casca, em grego, dirigindo-se a seu irmão: "Acode-me, irmão!".

No primeiro instante, todos os que não pertenciam à conspiração ficaram horrorizados; e, tremendo-lhes todo o corpo, não ousaram nem fugir, nem defender César, nem proferir uma palavra. Entretanto, os conjurados, cada um desembainhando sua espada, cercaram César por todos os lados. De qualquer lado que ele se vira, só encontra espadas, que o ferem nos olhos e no rosto; como uma fera assaltada por caçadores, César debate-se entre todas essas mãos armadas contra si, pois cada um queria participar do massacre e saborear aquele sangue, como nas libações de um sacrifício. Bruto deu-lhe um golpe na virilha. Conta-se que César, que se defendia contra os outros e que movia o corpo para todos os lados, soltando grandes gritos, logo que viu Bruto com a espada desembainhada na mão, cobriu a cabeça com a toga e se abandonou ao ferro dos conjurados. Fosse por acaso ou por premeditação, César foi repelido até ao pedestal da estátua de Pompeu, que ficou coberta com seu sangue. Parecia que Pompeu presidira à vingança infligida a seu inimigo, estendido a seus pés, sucumbindo aos numerosos ferimentos recebidos. César recebera — dizem — vinte e três ferimentos, e diversos de seus agressores feriram-se uns aos outros, golpeando todos ao mesmo tempo contra um só homem.

Depois que César morreu, Bruto avançou para o meio do Senado, a fim de justificar o que acabava de ser feito; mas os senadores não puderam escutá-lo: fugiram precipitadamente pelas portas, espalhando no povo a emoção e o espanto.

P. Glariardi.
Funerais de César.
Academia de São Lucas,
Roma.

Fecham-se as casas, abandonam-se os bancos e os escritórios. Vê-se por toda a parte gente que corre: uns vão ao Senado para contemplar o hediondo espetáculo, outros voltam depois de tê-lo visto. Antônio e Lépido, os mais devotados amigos de César, salvam-se secretamente, procurando asilo em casas estranhas. Mas Bruto e seus cúmplices, ainda cobertos do sangue quente da vítima, com a espada nua na mão, saem todos juntos do Senado a caminho do Capitólio, não com aspecto de gente que foge, mas com o rosto sereno, cheios de absoluta confiança. Chamam o povo à liberdade, param para dirigir a palavra aos nobres que encontram no caminho. Houve outros que subiram com eles, para gabar-se de ter participado da ação, considerando-a gloriosa. Entre estes, Caio Otávio e Lêntulo Spínter, que logo foram bem castigados por sua vaidade. Antônio e o jovem César mandaram matá-los. Não chegaram a gozar da glória ambicionada; ninguém acreditou que tivessem participado do assassínio, e até aqueles que os condenaram puniram, não a execução do crime, mas a intenção.

No dia seguinte, Bruto e os outros conjurados foram ao Fórum e falaram ao povo, que os escutou sem dar sinal nem de censura nem de aprovação, mostrando, com seu profundo silêncio, quer piedade por César, quer respeito por Bruto. O Senado concedeu uma anistia geral para todo o passado e decretou que se rendessem a César honras divinas, resolvendo, também, que nada fosse mudado das ordens dadas por César durante a ditadura. Concedeu a Bruto e aos cúmplices alguns governos, com títulos e honras convenientes. E assim todos podiam acreditar que os negócios públicos estavam sistematizados e a república restabelecida.

Quando, porém, foi aberto o testamento de César e se viu que ele deixara a cada romano um legado notável; quando foi levado no Fórum seu corpo coberto de feridas, a multidão, em violenta agitação, não se conteve: precipita-se, acumula-se nos bancos, nas divisões e nas mesas do mercado; forma-se uma fogueira na mesma praça e ali o cadáver é queimado. Depois, apanhando os tições inflamados, corre às casas dos assassinos para atear-lhes fogo; muitos se espalham pela cidade, em busca dos conjurados, para massacrá-los; mas não os encontram, pois estão bem escondidos. Um dos amigos de César, de nome Cina, na noite precedente — dizem —, tivera um sonho extraordinário: parecera-lhe ver César que o convidava à ceia e, como ele recusasse, tomá-o pela mão e arrastá-o apesar de sua resistência. Quando soube que na praça pública estavam queimando o corpo de César, levantou-se e, muito preocupado com o sonho, embora estivesse doente e com febre, saiu para lhe render as últimas honras. Quando chegou ao Fórum, um popular perguntou a outro quem era aquele e lhe foi dito seu nome; este repetiu o nome a outro; e logo esse nome correu de boca em boca, acreditando-se que ele fosse um dos assassinos de César. Entre os conjurados, com efeito, havia um que se chamava Cina. O povo, acreditando que esse homem fosse o assassino, precipitou-se sobre ele e o massacrou no mesmo lugar. Apavorados por esse exemplo, Bruto e seus cúmplices saíram da cidade poucos dias depois. Escrevi, na *Vida de Bruto*, o que fizeram posteriormente e as desgraças que sofreram.

César morreu na idade de cinqüenta e seis anos, apenas quatro anos depois da morte de Pompeu. O domínio, o poder soberano que ele não cessava de ambicionar, durante toda a sua vida, em meio de tantos perigos, e conquistados com tamanho labor, outro fruto não lhe asseguraram senão um título vão, senão essa glória que o expôs ao ódio dos concidadãos. É verdade que o Gênio poderoso que o guiara durante a sua vida assistiu-o ainda depois da morte: vingador encarniçado, não abandonou os vestígios de seu assassínio, e, por terra e por mar, perseguiu-os até à destruição do último dos que mancharam as mãos com seu sangue ou se limitaram a aprovar a conspiração. Admira-nos, sobretudo, quanto aos sinais humanos, a aventura de Cássio, que, vencido em Filipos, se matou com a mesma espada com que ferira César; e, quanto aos fenômenos celestes, o grande cometa que, após o assassínio de César, brilhou com grande esplendor durante sete noites, desaparecendo em seguida, assim como o escurecimento da luz do Sol: esse astro levantou-se muito pálido, durante aquele ano inteiro, e, em vez de enviar raios cintilantes, limitava-se a dar uma luz fraca e um calor lânguido. O ar ficou então tenebroso e espesso pela insuficiência do calor necessário à sua rarefação; e as condições adversas do ar fizeram abortar os frutos que murcharam antes de chegar à maturação.

O que prova quanto o assassínio de César desagradara aos deuses é, sobretudo, o fantasma aparecido a Bruto. Eis essa história. Bruto preparava-se para passar com seu exército de Abidos para o continente oposto, e descansava uma noite em sua tenda, conforme seu hábito, sem dormir, refletindo no futuro, pois nunca houve — dizem — general que tivesse menor necessidade do sono, nunca a natureza criou homem que melhor suportasse e por mais tempo as vigílias. Pareceu-lhe ouvir algum ruído à porta de sua tenda e, olhando com a luz bruxuleante de uma lâmpada, percebeu um espectro horrível, de tamanho desmedido e de rosto hediondo. Bruto primeiro foi tomado de terror; mas, quando viu que o espectro, sem nada fazer ou dizer, ficava em silêncio perto de sua cama, perguntou-lhe quem era. "Bruto — respondeu-lhe o fantasma — eu sou teu mau Gênio; e tu me encontrarás em Filipos". Então, Bruto respondeu em tom firme: "Pois bem, ali ver-te-ei!". Logo o espectro desapareceu. Algum tempo depois, na batalha de Filipos, contra Antônio e César, Bruto, vencedor no primeiro ataque, derrubou tudo o que encontrara em sua frente, perseguiu os inimigos derrotados e pilhou o acampamento de César. Preparava-se para uma segunda batalha, quando o mesmo espectro lhe apareceu, ainda de noite, e sem proferir uma só palavra. Bruto compreendeu que seu destino estava cumprido; então, atirou-se de cabeça baixa no meio do perigo. Contudo, não pereceu em combate. Suas tropas foram postas em fuga e ele retirou-se para um rochedo íngreme, onde se matou, atirando-se contra sua espada nua, e auxiliado nisto – ao que se diz – por um amigo, que apoiou o golpe para torná-lo mortal.

NOTAS

(1) Plutarco não diz se o país ao qual alude é a própria Macedônia ou a terra dos molossos, pátria de Olimpíada.

(2) Para os gregos e os romanos, e, portanto, para o autor, bárbaros eram todos os estrangeiros.

(3) Primeiro mês do ano ático, no qual se sacrificavam cem bois em honra de Júpiter; corresponde mais ou menos aos nossos meses de julho e de agosto.

(4) Aulo Gélio cita uma carta de Filipe a Aristóteles, em que lhe anuncia que o escolheu para mestre de Alexandre desde o nascimento deste.

(5) "Acromático" é o ensino dado oralmente pelo mestre; "epótico" é o ensino que se recebe mediante iniciação mística.

(6) A *Metafísica* de Aristóteles é um tratado que vai muito além de um simples "memento".

(7) Aristóteles, como outros antigos filósofos, era também médico.

(8) Na tragédia de Eurípides, Medéia quer que sejam mortos Creonte, Jasão e Glauca, nova esposa deste e filha daquele.

(9) Nome antigo do Danúbio.

(10) Os mistérios de Eleusis.

(11) Baco era protetor de Tebas.

(12) Bairro e passeio na antiga Corinto.

(13) Apolo.

(14) Ano 334 a.C.

(15) Nome da cidade reconstruída no lugar das ruínas de Tróia.

(16) Corresponde mais ou menos ao nosso mês de maio.

(17) Clito que, nessa ocasião, salva a vida de Alexandre, foi depois morto por este.

(18) Teodeto, que se notabilizara por seus escritos e orações, foi discípulo de Aristóteles.

(19) Diário redigido por Sumene de Cardia e Diodatus de Eritréia.

(20) Côregos eram, na antiga Grécia, os ricaços que gastavam avultadas quantias para sustentar as despesas dos coros.

(21) Quem conhece a história antiga sabe que era hábito, em certas dinastias orientais, como no Egito, os reis e os príncipes destinados a reinar casarem-se com suas irmãs.

(22) Nome dado ao Sol pelos persas.

(23) Corresponde aproximadamente ao nosso mês de setembro.

(24) Antigo nome do mar Cáspio.

(25) Os três carneiros, depois do cumprimento dos ritos, eram considerados sagrados e destinados ao sacrifício.

(26) Verso que, parece, pertence a uma tragédia perdida de Eurípides.

(27) Verso de autor desconhecido, citado diversas vezes nas obras de Plutarco.

(28) Verso da *Ilíada*, de Homero.

(29) Palavra grega composta, que significa "filósofos que vivem

nus"; com esse apelido eram indicados os sábios indianos que tinham por hábito a nudez.

(30) Os oráculos de Amon.

(31) O mês que acaba com o solstício de verão no hemisfério boreal (parte de nossos meses de maio e junho).

(32) Apolônio Molon.

(33) Filha de Quinto Pompeu e neta de Sila.

(34) Esse discurso é referido pelo historiador Salúcio, que citou também o discurso de Catão.

(35) A deusa das mulheres.

(36) Quando César pronunciou essas palavras já estava perto dos quarenta anos de idade, ao passo que Alexandre falecera aos trinta e três.

(37) Este verso pertence, provavelmente, a alguma obra perdida.

(38) Não se trata de Marco Túlio Cícero, o famoso orador, mas do seu irmão Quinto Cícero.

(39) A cidade de Como, já destruída, reconstruída por César, com o nome de Novocoma.

(40) A parte em que Tito Lívio conta a história da guerra civil não chegou até nossos dias.

(41) Estas duas obras não existem mais.

(42) Os cumeus (habitantes dos Cumes, na Eólia) eram considerados malcriados e pouco inteligentes.

(43) Na *Vida de Bruto*, de acordo com outros historiadores, diz Plutarco que foi Caio Trebônio quem reteve Antônio em conversa.